品嘗好書 冠群可期 品嘗好書 冠群可期 品嘗好書 冠群
嘗好書 冠群可期 品嘗好書 冠群可期 品嘗好書 冠群可
品嘗好書 冠群可期 品嘗好書 冠群可期 品嘗好書 冠群
嘗好書 冠群可期 品嘗好書 冠群可期 品嘗好書 冠群可
品嘗好書 冠群可期 品嘗好書 冠群可期 品嘗好書 冠群
嘗好書 冠群可期 品嘗好書 冠群可期 品嘗好書 冠群可
品嘗好書 冠群可期 品嘗好書 冠群可期 品嘗好書 冠群
嘗好書 冠群可期 品嘗好書 冠群可期 品嘗好書 冠群可
品嘗好書 冠群可期 品嘗好書 冠群可期 品嘗好書 冠群
嘗好書 冠群可期 品嘗好書 冠群可期 品嘗好書 冠群可
品嘗好書 冠群可期 品嘗好書 冠群可期 品嘗好書 冠群
嘗好書 冠群可期 品嘗好書 冠群可期 品嘗好書 冠群可
品嘗好書 冠群可期 品嘗好書 冠群可期 品嘗好書 冠群
嘗好書 冠群可期 品嘗好書 冠群可期 品嘗好書 冠群可
品嘗好書 冠群可期 品嘗好書 冠群可期 品嘗好書 冠群
嘗好書 冠群可期 品嘗好書 冠群可期 品嘗好書 冠群可
品嘗好書 冠群可期 品嘗好書 冠群可期 品嘗好書 冠群
嘗好書 冠群可期 品嘗好書 冠群可期 品嘗好書 冠群可
品嘗好書 冠群可期 品嘗好書 冠群可期 品嘗好書 冠群
嘗好書 冠群可期 品嘗好書 冠群可期 品嘗好書 冠群可
品嘗好書 冠群可期 品嘗好書 冠群可期 品嘗好書 冠群
嘗好書 冠群可期 品嘗好書 冠群可期 品嘗好書 冠群可
品嘗好書 冠群可期 品嘗好書 冠群可期 品嘗好書 冠群
嘗好書 冠群可期 品嘗好書 冠群可期 品嘗好書 冠群可
品嘗好書 冠群可期 品嘗好書 冠群可期 品嘗好書 冠群

色彩的反射率和色彩的輕重

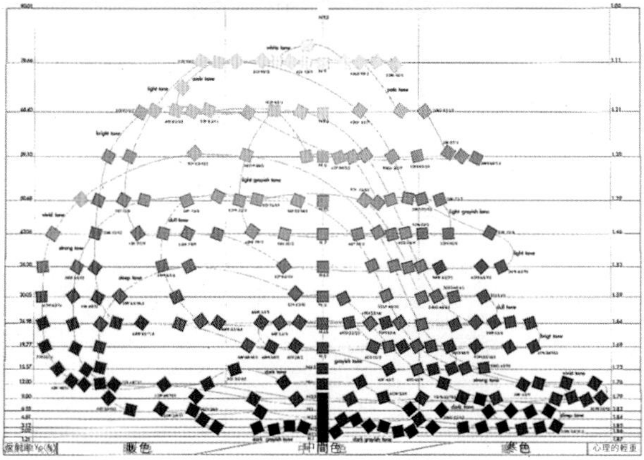

●體感重量依顏色的亮度來決定

某家工廠，不斷接到員工哭訴「需要搬進貨車裏的黑箱子太重了。」搬不到幾個就感到很疲勞。

因此，他們將箱子的顏色改塗成明亮的綠色，結果員工向廠長道謝說：「這次的新箱子好輕呀！我們真的得救了。」其實，貨物真正的重量跟以前一樣，可見從箱子的顏色感受到的心理重量實在不容忽視。

這種隨著顏色的不同，視覺上（心理上的）的輕重轉變，就叫做體感重量（sensible weight）。

有的顏色輕，有的顏色重……。這是我們看顏色時共通的感覺現象。只能反射少許光線的暗色，會使物體看起來比較重。相反的，幾乎可以反射所有光線的亮色，具有使物體看起來較輕的功能。

我們的眼睛常會躲避深色（暗色），而尋求淡色（亮色），這種與生俱來的傾向，使我們覺得亮色比較輕。

資料來源：野村順一著『色彩效用論（大地女神的顏色）』住宅新報社 1988年 P.16~17

和室中同色系的調和

●在和室中為何可以得到放鬆？

透過顏色的搭配，在空間上產生一種平衡的狀態，稱之爲色彩調和，其方法可分爲單色調和、同系色調和、類似色調和、補色調和四種。

技巧的運用這種色彩調和的秘訣在於70：25：5的面積比率，七十%是底色，二十五%是副色，五%是強調色，如此的分配，就可達到整體的調和。

例如，照片中的和室，深褐色占了七十%，白色二十五%，剩下的五%之強調色以畫軸、壁龕的插花、桌子上的文房四寶來搭配。

這間房間裏，實現了同色系調和的面積分配，因此才能在穩定中營造出充滿舒暢感的空間。

和室中所看到的同色系調和，如左頁圖中有幾種變化。

另外，這種色彩調和，也可應用在商店外觀上。

同色系調和的變化

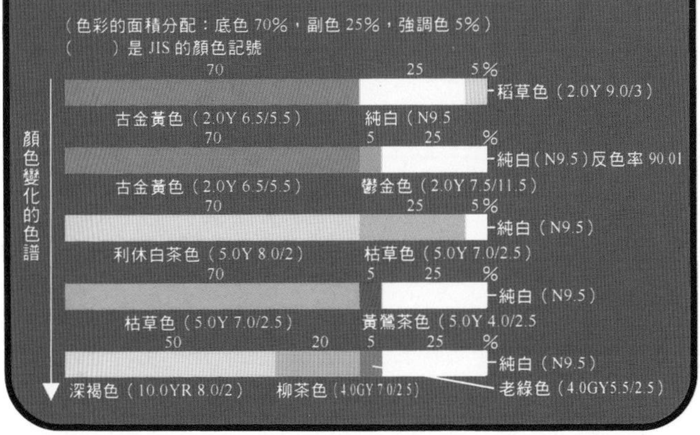

底色就是外面牆壁的顏色；副色用於櫥窗；強調色用於看板上。

只要刻意造成70：25：5的色彩面積調和，商店的外觀會有生動的躍動感，醞釀出音樂的韻律感。

所謂韻律感（rhythm；律動），就是一定的聲音分好幾次聽到時，有長短、高低、強弱，音質的差異產生變化時，插入聽不到聲音的時間等等，稱之爲時間經過的「刻劃」。必定以每隔固定的時間，所刻劃的拍子爲單位相乘而成。

因而，在這樣子的和室裏，擺放眾多的傢俱、或使顏色數目增多，破壞韻律感，色彩的調和就會消失。

〔照片提供〕（右）三沼房屋／（左）作者

粉紅色房間

●暖色和寒色的體感溫度有3度之差

看到暖色系身體會感到溫暖，看到寒色系會感到寒冷，這就稱爲體感溫度。（Sensible temperature）。

在工廠或餐廳等眾人聚集的地方，進行寒暖的比較實驗，結果發現以粉紅色系整合的房間，和以藍色系整合的房間中，即使實際的室溫相同，體感溫度也相差有三度之多。

爲懼冷症而煩惱的人，

「只要持藍色的窗簾用珊瑚粉紅色代替，房間就會溫暖許多。」這樣的說法不見得是沒有道理。

另外，到了夏天，把房間的裝潢以水藍色整合，怕熱的人也能過得涼快。

其實，可以做個簡單的實驗來證明。

藍色房間

首先，把相同溫度的水，裝滿兩個玻璃容器裏，一邊塗成橘紅色，另一邊塗成青綠色。

讓被實驗者將手放入兩邊的容器裡，而問他說：

「哪一邊的水比較冷？」

結果，幾乎所有的人都回答說：「青綠色的那一邊。」

而且，在二百九十五個被實驗者中，讓他們看五十色的色卡，調查寒暖色調的範圍，結果發現，他們感到最溫暖的是橘紅色。最冷的顏色有藍綠色、青綠色、藍色、紫色等參差不齊。

似乎寒色系的領域含蓋較廣的範圍。

從色彩學看ＮＴＴ標誌

NTT

●象徵企業統合色

ＮＴＴ「日本電信電話股份有限公司」，就以稱爲生動圈的簡單標誌爲中心，使用一種主色、三種副色展開ＣＩ活動。

●主色＝ＮＴＴ藍。暱稱爲 vivid blue。表現出尖端科技、知性、未來的形象。

●副色＝黑色、ＮＴＴ橘色、銀白色。黑色是重視ＮＴＴ藍的廣告單字顏色。當公司名稱的基本色來使用。

ＮＴＴ橘色是彰顯生動圈和公司名稱廣告單字的顏色。另外也代表，從一九八二年推行的「橙色運動」（將顧客的心聲反應在服務和經營活動上的構想），承前啓後的意義。

至於銀白色，是彰顯其他三種顏色的背景色，使用於標誌、看板、車輛上。

從色彩學看ＪＲ標誌

日本鐵路公司的各分公司，都設定了各自的統合色。另外，ＪＲ集團爲謀求整體的通用性，採用了白、灰、黑的無彩色。

●ＪＲ北海道＝淺綠色／象徵從雪白的大地一起萌芽，點綴山野明亮翠綠。

●ＪＲ東日本＝綠色／象徵東北、信越、關東的富饒綠色。也是東北、上越新幹線的顏色。

●ＪＲ東海＝橘色／象徵染紅東海地方的大和天空的黎明的顏色。

●ＪＲ西日本＝藍色／象徵文化和歷史色彩的地域性，及豐富的海洋和湖泊。

●ＪＲ四國＝淺藍色／比太平洋的藍色更加鮮艷的深藍，而且，給人澄清之天空的印象。

●ＪＲ九洲＝紅色／代表南方國度的明亮太陽，和燃燒的熱情。

●ＪＲ貨運＝貨櫃藍／代表新公司的新作風和信賴感。二萬個貨櫃也是統一用此種顏色。

〔照片提供〕水野秀樹

從色彩學看奧運五輪標誌

●代表五大洲的五輪標誌

近代的奧運開始於一八九六年的希臘雅典奧運。而五輪旗頭一次飄揚在大會上，是在一九二○年的比利時、安特衛普奧運。

這面旗子是法國的庫貝爾坦男爵所設計，分別是在白底上組合起五個圈圈。圈圈的顏色有藍、黃、黑、綠、紅。

這五種顏色代表美洲、歐洲、亞洲、非洲、大洋洲這五大洲，但是並沒有設定哪一洲是哪一種顏色。一般解釋爲黑色是非洲、黃色是亞洲、但實際上這是沒有根據的。然而，一九九六年的亞特蘭大奧運，所有加盟ＩＯＣ（國際奧運委員會）的所有會員國・地區全部都參加，是值得紀念的一次大會。從近代奧運創始至今的第一百次大會上，首次實現了全體參加的一大快舉。期待在兩千年的雪梨奧運上，這項光榮能夠繼續傳承下去。

生活廣場 8

色彩學與你

野村順一／著
沈 永 嘉／譯

大展出版社有限公司　出版
品 冠 文 化 出 版 社　發行

解開色彩擁有的魅力和威力的神秘面紗——前言

現代，是彩色的時代。

不只是電視、電影，連報紙都有彩色版。辦公室裡有彩色影印機，即使和家人或朋友拍照，拍黑白照的也很少。

心理學家們認為，現代人開始做起彩色夢了。

以前，人們睡夢中夢到的大多是黑白的夢。偶爾有人夢到彩色的夢，就被認為是異常。可是，根據近年來的報告，做彩色夢的人，比起數十年前大為增加，已不能當成是異常了。彩色時代，已侵入夢的世界。

況且，這種的社會環境或個人生活的色彩化現象，不只發生在日本。在這五十年當中，世界各地有同步進行的傾向。

這種進行是極爆發性的，就因為它和前面的階段是完全異質的，所以許多人稱之為色彩革命（color revolution）。色彩革命是超越國界、無視於民族差異，在全球漸漸實現的。

地球的歷史有四十六億年。四億年前人類的祖先由海洋來到了陸地，當時的生物，並不像現在的人類具有一雙眼睛。而是和昆蟲同樣地，以觸覺來代替眼睛的功能。後來，在人類的進化當中，出現了兩隻眼睛，原本擔任眼睛功能的觸覺凹陷（recess）而分散到皮膚上。這種觸覺的反應成為皮膚的放射能量感覺，到現在仍留存，被當成是原基痕跡（rudiment＝退化器官）。

我們平常所看見的色彩，不光只是用眼睛看，也用皮膚去感覺。因為皮膚具有光線感應器。

在藝術的世界裡常有「用肌膚來感覺」的說法。也就是，用眼或用心去判斷之前，先用皮膚來辨別。對於色彩的好惡，皮膚也有所感覺。

因此，色彩可說是超越語言的記號。所謂色彩溝通（color communication），就是傳達各個顏色的訊號或訊息，引起人類心理固有之感情的作用。如果將顏色解釋成，對人類感覺器官起作用的光線振動時，那就相當地感性了。

一九九五年，東洋大學經濟系野村順一講座中，曾以「透過色彩溝通的次世代CI戰略」為題，在校內論文發表大會中報告。事例研究在NTT、JR、JAL以及本書也介紹了其中一部分。

野村講座完成研究成果，十六成員如下：

松嶋進、和田光弘、新井亮子、伊藤圭太、小川　史、堀田和之、青木俊之、宮崎大介、渡邊宏幸、岡田尚子、鹽田　綾、菅井泰子、堀田理惠、神久　和、宮崎直美、柴田森江。

當我們正如此地為色彩設想時，接受委託寫出本書。

顏色擁有的特性是屬於永久的題目，其影響力難以估計。在此考量的是因為〈鱷魚文庫〉編輯部的水野秀樹先生很熱心地再三勸稿，才決定寫這個題目。

執筆之際，受到水野秀樹先生廣泛而週到、緻密的編輯之勞，藉此篇幅向他致上最深忱的謝意。此外，在執筆進行中受到久澤樹枝先生各方面的協助，在此鄭重地道謝。

野村順一

目錄

第二章 工作與色彩學

第三章　居家與色彩學

第四章 健康與色彩學

第五章　食物與色彩學

第六章 關於色彩的一般疑問

結論……二〇二

第一章

戀愛與色彩學

——寫給盼望變得更漂亮的你

1 第一次約會穿什麼顏色的服裝較好？

——配合香水來選擇衣服是重點

大多數人，一聞到花香味的香水，就會想到粉紅色。相反地，也有一看到顏色才聯想到香味的情況。

例如，粉紅色是，令人聯想各種花朵的顏色。而且，實際上粉紅色系，常是採用花的名字來命名。舉幾個例子來說，薰衣草色（明亮的紅紫色）是源自薰衣草花，蘭花色（orchid）是源用淺紫的蘭花，紫丁香色（帶藍色的淡紫色），使人直接聯想到紫丁香花。

可見，由芳香可以感覺顏色，由顏色可以回想芳香，這就稱爲共感覺〈syn(a)esthesis〉。

共感覺的感受有個人差異，但在其中，色彩和香味強烈地連結，對生活上有如下的影響：

①無意識地進行色彩聯想，最喜愛的香味。

玫瑰、紫丁香、松香、百合、三色堇、咖啡、鳳仙花、西洋杉、百花山茶、巧克力、康乃馨、橘子、香草等。

②欠缺色彩聯想、最討厭的味道

豬油、橡膠、燈油、魚、松脂煙（terebene）、醋、洋蔥、大蒜、汗臭味等。

提到香味和顏色的感覺，在香水中也有很多使人聯想到色彩的香水。

因此，針對一般的四種香水類型，我們來思考色彩聯想吧！

●柑橘系列（檸檬、橘子等的柑橘系香味）

＝黃色、橙色、蘋果綠等。

●樹木系列（尤加利樹、山達樹等的樹葉或樹幹香味）

＝薄荷綠、蘚苔綠等。

●花朵系列（玫瑰、茉莉、薰衣草、天芥菜 heliotrope 等的花香）

＝所有粉紅色系。

●麝香系列（麝鹿、麝鯨等所採取的動物性香味）

＝紅紫色、深棕色、褐色等。

活用此種特徵，在第一次約會時使香水和服裝配合，看看結果如何呢？

首先，花朵系列的天芥菜香是使人聯想初戀的香味，珊瑚粉紅的套裝或洋裝和天芥菜（明亮的紫色）的屬性最相投，可以使你的戀愛導入成功之路。

擦上柑橘系列的化粧水時，我推薦你穿黃色的套裝、香味和顏色相得益彰，使人們對你的印象，像檸檬那樣地柔爽。白色的襯衫配上蘋果綠的圍巾也不錯。

樹木系的清新芳香和薄荷綠的毛衣最相襯，而且，當你噴上麝香系列的香水時，穿上紫紅色的洋裝，性感的程度使對方頭暈目眩。

第一次約會時，雙方都會有點緊張，但是，如果採用這種顏色和香味搭配的方法，兩者會合而爲一，你的魅力會在對方心中留下強烈的印象。

話雖如此，香水若噴得太過頭會產生反效果，微微薰香是「灑脫」的裝扮。

2 「纏著對方答應要求時」穿什麼服裝最有效？

——雖然這是對男性較殘酷的話題……

有一家流行精品專賣大樓在一九九五年所進行的調查，結果發現，女性希望由男性手中收到的禮物排行榜分別是，第一名＝戒指、第二名＝其他飾物、第三名＝手錶。收到禮物會很高興的金額，平均爲日幣三萬元。

這個價錢不管你覺得貴或便宜，自然是各位的自由，反正都是要送，也希望他能送些自己平常就想要的東西，這就是一般的女人心。

事到如今，我甘冒著全體男性杯葛之險，傳授女性同胞如何死纏活賴，要到心中想要的禮物，其「穿衣服的技巧」給各位。

能夠緊緊抓住男人的心，最合適的穿著就是，珊瑚粉紅的套裝洋裝。

粉紅色代表細膩的愛情，對人的體貼、高雅、純情之愛。

最喜歡粉紅色的女性，正是向對方訴求著，我是容易受傷、容易受欺負的人。

只是，喜歡粉紅色的女人有一個缺點，就是要求特權、想要受人保護、依賴性強。

關於這一點，比粉紅色稍微接近灰色的珊瑚粉紅，除了具備了以上的優點，還添加了謹慎味。雖然個性保守，但能發揮內助之功，是位可愛的女性。

最好能搭配白色領巾或珍珠項鍊，會給人更清楚的正面印象。

穿著這樣可愛的服裝向他央求禮物時，幾乎所有男性的荷包都會鬆開。

可是，任何戰略如果乘勝而濫用，不但會失效，也可能失去他的愛情。這些色彩溝通戰術，最好留到緊要關頭才發揮出來吧！

3 要成為聚會中的焦點，該穿什麼服裝？

色彩的威力甚至可改變性格

在聚會或派對上，需要有熱絡氣氛的要素。

如果，你想在那種場合帶動氣氛，服裝的重點色要使用橙色。

只要在領帶、圍巾、飾品上配上一點鮮豔的橙色，就能成爲宴會上的大紅人。

這是因爲，橘色和橙色被喻爲社交的顏色，代表擅長玩樂，人見人愛的社交意義。

只要穿上這種顏色的服裝，在不知不覺中會吸引別人，在你的四周會被笑聲包圍。玩遊戲或餘興節目時，也都會以你爲中心熱鬧地展開。

「可是，我平常從沒有穿過橙色的衣服。如果只是在宴會時才穿這個顏色，有沒有效果？」

也許有人會這麼想，但是，這是不用擔心的。

原來，在色彩溝通中，即使是平常不穿橙色衣服的人，在某個場合就會受到某個場合的顏色作用，自然地會表現出和那個顏色相稱的舉止，這是一個令人高興（？）的特徵。

例如，心想「我要看起來很知性」時，要使用深藍色，這樣可以傳達給自己及周遭的人，藍色所擁有的知性訊息。

但是，在橙色的使用例子中，因爲橙色是訴求力強的顏色，所以，與其全身都清一色使用橙色，不如也加上白色做爲副色（佔整體的百分之二十五）。若隱若現的白色，使橙色更加耀眼、相得益彰。

此外，想要矯正保守個性的人，可以在裝潢及廚櫃的擺設上規劃顏色的使用，利用橙色這種稍微明亮的色彩，應該可以令你改變成令人刮目相看的開朗、不怕陌生的性格。

4 為什麼在東南亞買的洋裝，在台灣不合穿？

——好不容易買到的當地服裝，卻派不上用場？

「不管別人怎麼想，我就是喜歡原色。」

雖然你不是這樣的人，但還是覺得從夏威夷或峇里島買回來的衣服，在台北穿來有點「俗」的感覺。

這是因爲穿著和台灣的氣候風土有莫大的關係所致。

例如，台灣的氣候並不像東南亞一般，且天空經常呈現出灰濛濛的色彩。在這樣的背景下，南方國度色彩亮度高的顏色刺激過強，很不協調。

在台北等大都市裡，還是以深藍色、灰色、鐵灰色、淺咖啡色等中間色的衣服，令人覺得穩重。

可是，同樣在台灣，改到田園或山岳地帶，因爲和光線要產生對比的關係，反而喜好紅、橙、黃等暖色系的顏色，如果再走到陽光更強的夏日海灘，不用說人們都會穿著紅、橙、黃等明亮的泳裝。

好比畫圖時，人們對色彩的基本喜好，需要和太陽光線、空氣的透明度

、環境的顏色加以對比，才能下決定。這稱爲調色效果（pallet effect）。

然而，全世界的色彩喜好，依照調色效果，可以略分爲二。

首先，居住於義大利或西班牙的拉丁系民族，被稱之爲淺黑膚色型（brunet complexion type）。皮膚呈淺黑色，頭髮和眼睛是黑或茶色。個子矮、體型肥肥胖胖是其特徵。印度人、阿拉伯人、非洲人都是屬於此類。

靠近赤道的國家，壓倒性地以拉丁民族居多。在他們的視網膜中，可以看出其中心處形成強烈的色素，對紅色有強烈的反應。衣服或日用品也喜歡用紅、橙、黃色的。

這麼說來，在西班牙所舉行的祭典中，人們互相丟擲番茄使整條街都染紅了，以及鬥牛，也是一種要見血的競技。

姑且不論此種祭典的由來，但他們看到紅色就會由衷地高興。性格上也有率直、外向、衝動的傾向。

另一方面，北歐系的民族被稱爲金黃膚色型（blond complexion type）。膚色白，頭髮呈金黃色或亞麻色，有著藍眼睛。個子高且修長，頭型長。它的代表以居住於瑞典、挪威、丹麥等歐洲北部的白色人種爲主，英國、加拿大也多屬於此類型。

他們的視網膜中綠色視覺很發達，特別喜歡天芥菜色（明亮的淺紫色）。其他還有天空藍，翡翠綠等顏色。

和南方國度相比，是日照率較少的地區，中間色調的寒色系較穩重、性格上也以內向、沈靜的人居多。

愈靠近北極圈，人們愈顯現出對藍、綠等短波長之顏色的強烈反應。

例如，曾經橫跨阿拉斯加到北極的白令海峽旅行的宮武辰夫先生，曾經介紹過這樣一則趣談。

色彩喜好的類型

	暖色系（拉丁民族）	寒色系（北歐系民族）
民族類型	● 拉丁民族（Latins）所喜好。拉丁民族就是所謂的淺黑膚色型（the brunet complexion type），皮膚呈淺黑色，頭髮和眼睛呈黑色（或茶色）。 ● 淺黑膚色類型是，喜好紅色。紅色視覺發達，視網膜的中心窩處可看出有強烈的色素形成。	● 北歐民族（Nordic）所喜愛。北歐日爾曼系民族中，有斯堪地那維亞人、愛爾蘭人等，也就是所謂的金黃膚色型（the blond complexion type），皮膚白皙、頭髮爲亞麻色（金髮）、藍眼睛。而且高個子、長顱。 ● 金黃膚色的人喜歡藍色和綠色。綠色視覺發達，在他們的視網膜中，可看出形成許多不同的色素。
性格上的類型	● 可以促進刺激、興奮、以外向的人（the extroverted being）最喜好暖色系。 ● 率直、衝動的人一般是什麼顏色都喜歡，尤其是暖色系。 ● 小孩子會呈現出純樸的反應。	● 促進穩定、鎮靜，內向的人（the introverted being）最喜好寒色系。 ● 個性保守，舉止穩重的人，一概喜好色調沈靜的東西。尤其是寒色系。成人會呈現出慎重的反應。

（資料來源）野村順一：『商品色彩論』，千倉書房，1966, P.123

「到達伊奴伊（Inuit）村時，我分送蠟筆給小孩子當禮物。日本的小孩子通常喜歡紅色。可是，當地的小孩子卻拚命搶著要綠色的蠟筆。」

可見，因爲調色效果所引起的喜好，不只是好惡的問題而已，而是在當地能夠看起來更漂亮、互相輝映的顏色才是最受歡迎的顏色。

所以，在燦爛太陽正中照耀的夏威夷，看起來最漂亮的衣服，在台北卻不一定適合。即使特地穿去赴約會，也可能被人說：

「會不會太鮮豔了點？」

5 為什麼年輕人喜歡單色的時裝？

——其實是一股衝動，導致如此的現象。

如果以十八～二十一歲的男女爲對象，詢問他們最喜歡什麼顏色，會以回答暗色（某種顏色和黑色混合而成的顏色）、黑色、灰色、白色、混合色的人居多。

好不容易父母親心想「讓他穿得像年輕人、快樂的服裝」而買明亮、鮮豔的衣服給小孩，結果，他們還是穿著單色或暗色調搭配的服裝。

以在女高中生中擁有壓倒性人氣而誇耀的安室奈美惠到「SMAP」或「TOKYO」等偶像團體、合唱團，一定至少會有一次以單色時裝的形象呈現出來。

可是，爲什麼單色時裝和流行無關，卻受無輕人歡迎？

那是因爲暗色、黑、灰等顏色，可以壓抑強烈的個性，使激烈的感情鎭靜下來所致。年輕人們，有一股氾濫的年輕熱力，單色服飾可以在無意中設法將之中和。

反過來說，最近的年輕人，既使穿上單色時裝或素色的衣服，還是全身散發著無法壓抑的充沛精力。

從五十五歲到八十歲左右的老年人，卻基於和年輕人完全不同的理由，也有傾向於穿著素色衣服的現象。

話雖如此，觀察日本人，他們不僅是喜歡深褐色、黑色、深灰色，很多人也是因爲這些顏色比較不會受到批評所致。

不過說句真心話，老年人不論男女，真正喜歡的是粉紅色。以色彩學來看，粉紅色被認爲是返老還童的顏色。有一個實驗，是讓女性穿上粉紅色的短上衣，在裝有粉紅色窗簾的房間中生活，結果他們的身體狀況和容貌都年輕起來，連人格都變得開朗可愛許多。

享受色彩之樂，不僅可使神經及內分泌系統活性化，也可以爲心靈帶來繽紛色彩。例如，歐美的老年人穿粉紅色或玫瑰紅的衣服，搖曳的身姿，使旁人也覺得年輕。

相反地，素色、暗色的衣服，會使身體機能衰退，不斷老化。

如果希望青春永駐，就該不畏人言，不要認爲「老不修，穿那麼鮮豔……」，不管有多大年紀，都該積極地穿上粉紅色衣服。

6 為何稱紫色是高貴的顏色？

色彩和聖德太子有不可思議的關係

到了現代，一般民眾想穿什麼顏色，也沒人會說話。可是，在從前有一種顏色是下人們不可任意穿著的。

日本最初制定「顏色的尊貴等級」的人是，聖德太子。眾所皆知，他除了制定憲法十七條、建立法隆寺之外，也因爲日幣一萬元的紙鈔上印有聖德太子的肖像，成爲人盡皆知的國民大英雄。

尤其，和顏色有密切關聯的是，他制定了冠位十二階，聖德太子在西元六〇三年進行飛鳥朝廷的政治改革，把官吏的階級分爲十二等。

各階級分別以紫、藍、紅、黃、白、黑的六色衣冠爲代表，最高等級不用說當然是紫色。受到其影響，在奈良時代前後的日本，也把紫、藍、紅色系統的緋紅當成高貴色，而加以尊重。

其中特別將紫色定爲「禁色」，只有尊貴階級才能使用。事實上，在封建時代以前，一般人如果穿紫色會受到處罰——有此項記錄遺留。

由聖德太子多方保護的佛教世界裡，紫色也被看成是高貴色。僧侶的位階以衣服染色的不同而劃分，從高位階依序爲紫、紅、藍、黃、綠、白。由和尚所穿的袈裟顏色，就可看出他的階級有多高。

因此，紫色就被定位爲偉人的顏色，此種印象今後也無法輕易地就能加以拂拭掉。尤其是，受掌權者強制規定、受宗教的束縛，而形成了彩色禁忌的這種偏見。

像當時日本那樣保守的社會，可能沒有人敢刻意冒犯禁忌。因此，紫色是令人敬畏的顏色、高貴顏色的印象，代代相傳至今。

時至今日，在大相撲中，只有最高位階的行司（裁判）才能持紫色的指揮扇。這是在江戶時代，唯有橫綱（最高位力士）才能綁上紫色丁字褲的遺風影響。

如果紫色是「偉大顏色」的最高峰，那麼，一般庶民的衣著中最受歡迎的，就是藏青色碎白花紋、藍微塵等藍色系列的顏色。

「藍」這種植物不僅可在田裡栽培，且便宜又容易染色，不易褪色，集三種優點於一身。所以對當時的庶民來說，應該是很容易到手、又方便的顏色。然而，因爲藍色太平凡，一部分愛漂亮的人，將藍色看成是不瀟灑的平凡色，而加以輕視。

例如，在江戶時期，有人稱鄉下武士爲淺蔥裡（淡綠色的衣服裡子）。意思是說穿淺蔥色的棉布的武士，是不知好東西的土包子。

離鄉背景瀟脫地來到江戶，沒想到被江戶的小姐們口口聲聲嘲笑「草包」，他們一定受到了很大的衝擊。以現代來說，相當於對穿著上班族普遍擁有的灰西裝的人。罵他穿溝鼠裝的情形一樣。

此外，表示高貴的顏色，因民族、國家的不同就有很大的差異。在歐洲，一般以白、藍為尊貴的顏色，而社會主義國家以紅色受到讚賞。

7 口紅為什麼會有今年的新顏色、流行色？

微妙的顏色差異，一點也逃不過女性的眼光。

人類的嘴唇，可說是從皮膚到黏膜的分界。普通，皮膚都擁有角質層，嘴唇因為很薄，血液中的血紅素可以透出來，所以看起來是紅色的。

因此，因黏膜往上翹起而形成的嘴唇，只有人類才有。既使是黑猩猩或猩猩等四足步行的類人猿，也沒有像人類那樣的紅嘴唇。

嘴唇呈現紅色的理由，眾說紛云。

●演變成直立步行的人類，把嘴唇看成是女性性徵，變成紅色是向異性發出訊息的緣故。

●類人猿到了發情期屁股會發紅，但靠兩腳步行的人類，爲了配合視線的高度，而把嘴唇變紅。

以這二種說法最有力。

另外附帶說明，女性使用化粧品把嘴唇和臉頰塗紅，也被稱爲是引誘男性發情的訊號。而且，聽說女性平均每人一年要購買三點五支口紅。

在化粧品業界，常傾全力摸索今年的關鍵顏色，想掌握女人心。可是，在眾多發表的新產品中，實際上能向大眾成功訴求的，最多是一色或兩色。

提供各位參考，列舉這二十年來口紅變遷的情形，酒紅↓橙色↓珍珠粉紅↓玫瑰紅↓紅↓帶藍色色澤的粉紅色。

而且，現在流行顏色，是曝光色，是接近於嘴唇底色的米色。

至於，時裝界的流行色也有周期性，景氣好時暖色受歡迎，不景氣時人們喜愛寒色系列。俗話說：不景氣時藍色會流行，意外地讓它說對了。

況且，在人人自危殺氣騰騰的時代裡，在心裡上會採取保衛自己的方法，而流行黑和白。

最近的流行界，增添了許多有「溫馨味」的中間色調。泡沫經濟後的不景氣告一段落，日本經濟也開始出現些許光明的徵兆，人們追求的是心靈的餘裕和溫潤。

口紅的顏色方面，泡沫經濟期流行大紅色，隨著泡沫經濟的崩潰則流行帶藍色色澤的粉紅色，現在更加自然的米色受到衆人歡迎，這正是顯示了人們的心情，非常有趣。今後，沈穩柔和的顏色，好像會較受歡迎。

雖然都是一些雜談，但嘴唇的皮膚因缺少黑色素，通常曬太陽也不會曬黑。可是，無端遭到曬傷，嘴唇也會形成黑斑，所以不要忘了做好紫外線護唇。

8　配戴誕生石真能變得幸運嗎？

從色彩學上「鑑定」寶石

有一說法，認爲配戴誕生石，可以行好運。

歐美有些地方，孩子一出生就送他鑲有誕生石的「嬰兒戒指」，祈求孩子的健康及幸福。本來寶石是被當成是權力的象徵或避邪來用的。後來沿襲到一般人身上，從十八世紀開始，人們開始配戴配合自己的誕生月份的色彩和涵義的寶石。

現在，一般人所知的誕生石，以一九一二年美國寶石工會制定的爲基準。話雖如此，寶石真的有涵意或威力嗎?讓我們從色彩學的立場思考一下吧!

●一月／石榴石＝暗紅色

〈象徵〉貞操、友愛、忠誠、堅定

〈寶石的特徵〉在母岩中，有令人聯想起石榴種子的粒狀結晶形成，因此，在日本又稱爲「石榴石」。有紅色系、黑色系、透明、半透明等，四十種以上的色調。

帶紅褐色的石榴，接近日本名稱的海老茶的顏色，一般認爲它具有中和毒性、療傷的作用。因此，十字軍東征時，士兵將它戴在身上，作爲武運、健康、勝利的象徵。

〈顏色的意義〉暗紅色代表體力、生命力、熱情，同時是代表人見人愛、協調性的色彩。和誕生石的意義大致相同。

●二月／紫水晶＝深紫紅色

〈象徵〉誠實、和平心

〈寶石的特徵〉在希臘神話中，這寶石是一位虔誠少女的化身。它原本是純白的結晶，據說因爲酒神巴卡士在上面澆上了葡萄酒，才變爲美麗的紫色。

〈顏色的意義〉在中世的歐洲，深紫紅色是高貴的顏色，因此，希臘教的祭司喜愛戴紫水晶的戒指。它也象徵尊貴和威嚴、冷靜的判斷力。

●三月／海藍寶石＝帶深綠色澤的水藍色

〈象徵〉率直、單純

〈寶石的特徵〉aquamarine 一語在希臘文中是人類之母的海水之意。水手們爲了祈求航行的安全而戴在身上。一般相信透明的水藍色，帶來心靈的平安、敏銳的五種感官。

在日本，也有人以珊瑚當做三月的誕生石，珊瑚象徵沈著、勇敢的心。

〈顏色的意義〉透明如天空般的藍色，代表藝術、想像力的意義。喜歡此種顏色的人，遇到困難時，會發揮強烈的洞察力。這和水手們所祈求的敏銳的五種感官，的確有相通之處。

珊瑚的顏色很分歧，但在日本通常較喜好粉紅色系的珊瑚。在色彩學上，粉紅色代表高尚、愛情。

●四月／鑽石＝無色、純白

〈象徵〉清純無垢

〈寶石的特徵〉英文中有句話說「鑽石切鑽石」（diamond cut diamond）。它擁有無以比擬的硬度，只有鑽石才能切割鑽石。由此轉義爲，智者、賢者之間互相鑽研、切磋之意。

在世界史上，許多掌權者，都配戴鑽石以做爲防止別人詛咒的最強護身符。

〈顏色的意義〉如果將鑽石的顏色看成是白色，在色彩學上它代表純粹、天真、純真。凡是喜歡白色的人，常是標榜完美、抱持崇高理想而努力的類型。世界知名的國王、爲誇耀權勢常配戴在身上，也是可以理解的。

●五月／祖母綠、翡翠＝亮麗的綠色

〈象徵〉幸運、幸福

〈寶石的特徵〉在中世紀的西洋魔術書裡記載，「想贏得財富和知識的人要配帶祖母綠」。基督最後的晚餐中所拿的聖杯，傳說也是由祖母綠鑄成。

自古以來，亮麗的綠色就暗示著大自然的力量、再生力、靈魂的鎮靜、肉體的健康、精神的安定。

〈顏色的意義〉依色彩學上來看，祖母綠的意義真是被它說得不偏不倚。如翡翠般透明、不透明的綠色，擁有相同的作用。

●六月／珍珠＝白、銀白色、粉紅

〈象徵〉健康、長壽

〈寶石的特徵〉珍珠另有「月亮的水滴」、「人魚的眼淚」、「閃電所賜的孩子」等別稱。是海洋所賜與的東西、也就是天然的寶石，完全不觸及人手而形成漂亮的珠玉，代表高貴的心、純潔。

〈顏色的意義〉白色，和鑽石同樣代表純潔的心、崇高的理想。白色的鮮潤是暗示年輕的顏色，所以也可理解爲什麼珍珠代表長壽和健康。

●七月／紅寶石（Ruby）＝帶強烈紫色感覺的紅色

〈象徵〉熱情、仁愛、威嚴

〈寶石的特徵〉具透明感的紅色中，以砍下鴿子頸部所流出的鮮血般的「pigion blood」被稱爲是最極致的顏色。

紅寶石的紅色，也具有在戰場上或狩獵時勇者所流的鮮血、及女性經血的意思。因而被認爲象徵戰鬥、熱情、多產、豐饒之意。

〈顏色的意義〉紅色，在色彩學上代表生命、體力、健康、熱情。而且，把紅色附在身上，不論男女都能增加性的威力。紅寶石象徵多產、豐饒，果然是有其道理的。

●八月／瑪瑙（Sardonyx）、紅條紋瑪瑙＝紅縞色

〈象徵〉夫婦的幸福、和諧

〈寶石的特徵〉由地質時代的樹脂，深埋地中所產生的一種化石。有透明、半透明的瑪瑙，水滴滴的光澤十分美麗。

有一說法，認爲瑪瑙的條紋圖樣看起來像男女的相交，所以被認爲是象徵幸福的婚姻生活。

〈顏色的意義〉縞紅色，是家庭和夫妻和諧不可欠缺的要素。

●九月／藍寶石（Sapphire）＝藍色

〈象徵〉慈愛、誠實、德高望重

〈寶石的特徵〉藍寶石對英國王室來說是特別的寶石。在英國第一級公式王冠Imperial State Crown上，就鑲有二顆藍寶石。並且，記載摩西十戒的石盤，據說是藍寶石做的。

藍寶石象徵英明睿智、精神的再生、神的祝福。被許多擔任聖職者所採用。

〈顏色的意義〉藍色爲理論、知性的訊號。此種顏色可以發揮使感情穩定、深思熟慮的功能。

附帶一提，「Sapphire」在拉丁語中，照字面來說爲藍色之意，是「Sapphar-us」一詞的語源。

●十月／蛋白石（Opal）＝紅、藍、

綠、彩虹色

〈象徵〉消除女性的悲傷

〈寶石的特徵〉在埃及和巴比倫，蛋白石是光和水的守護神。在希臘時代中，它象徵愛和未來的預言。

英國劇作家莎士比亞，曾有「你的心像蛋白石一般，總是飄浮不定，不知在想些什麼」的台詞表現。因此，蛋白石也曾有象徵「外遇心」的時期。

〈顏色的意義〉在石頭中，被稱爲是擁有跳舞般的彩虹顏色，具「play of color」（遊色效果）的特質。

因爲彩虹色和太陽的光譜一致，是可以提高身體的生理機能，培養健全的精神的顏色。

●十一月／黃玉（topaz）＝小麥色

〈象徵〉友情、友愛、希望、潔白

〈寶石的特徵〉自古以來，人們相信火石是具有療傷力量的石頭，是太陽神的化身。相傳如果掛在脖子上會帶來智慧，戴在手指上會使你不致遭到變故。

〈**顏色的意義**〉黃色，是結交朋友的顏色。可以提升溝通能力、具有使彼此放鬆的力量。說它象徵友情、友愛是很恰當的。

●十二月／土耳其石＝明亮的藍綠色

〈**象徵**〉成功、繁榮

〈**寶石的特徵**〉自古由土耳其傳到伊朗旅行商人們手中，被當作護身符而受到珍視。可以預知意外事故，它那美麗的天空色會漸漸澄澈。

〈**顏色的意義**〉淺藍色是對每件新事物都給予創造力的顏色。喜歡此種顏色的人，在藝術、新事業的領域裡，可以發揮獨創性，得到成功。

9　送給情人的禮物，用什麼顏色的包裝紙才會受到喜愛？

——不同顏色的包裝紙，使禮物受歡迎的程度不同。

一九九六年五月，第凡內總公司在東京銀座開店了。

這家店將奧戴麗赫本主演的電影『第凡內的早餐』中，有名的紐約第五街的店舖完全重現。匯集優雅的裝潢和豪華的商品，女性朋友的呼吸莫不為此心動。

而且，凡是在店內購物，他們會用加進第凡內標幟的水藍色包裝紙替顧客包裝。也許是這種包裝紙有一種地位象徵，有的女性認爲「男朋友如果以那樣的包裝送禮，可以傳達出對方殷勤的份量感」。

然而，即使不是第凡內的包裝紙，就色彩學上來說，也不是沒有能夠傳達出殷勤的份量感的包裝術。

好像，物品的輕重會隨著目視的顏色，而在心裡上會變重或變輕。

例如，準備同樣重量、同樣大小的兩個盒子，分別以白色和黑色包裝紙包裝，再拿在手上以感覺哪一個較重。

答案是，黑色包裝紙包裝的盒子。

從下頁的圖表也看得出來，測定的結果顯示在心理上，黑色比白色的重量感覺爲一・八七倍。這稱之爲體感重量（參見插圖）。

假如以黑色包裝紙包起一百公克的物品，就會感覺到它的重量是和用白色包裝紙包起一百八十七公克時一樣重。

在無彩色時，有一個特徵是在心理上，灰色比白色、黑色又比灰色偏重。

顏色的輕重感

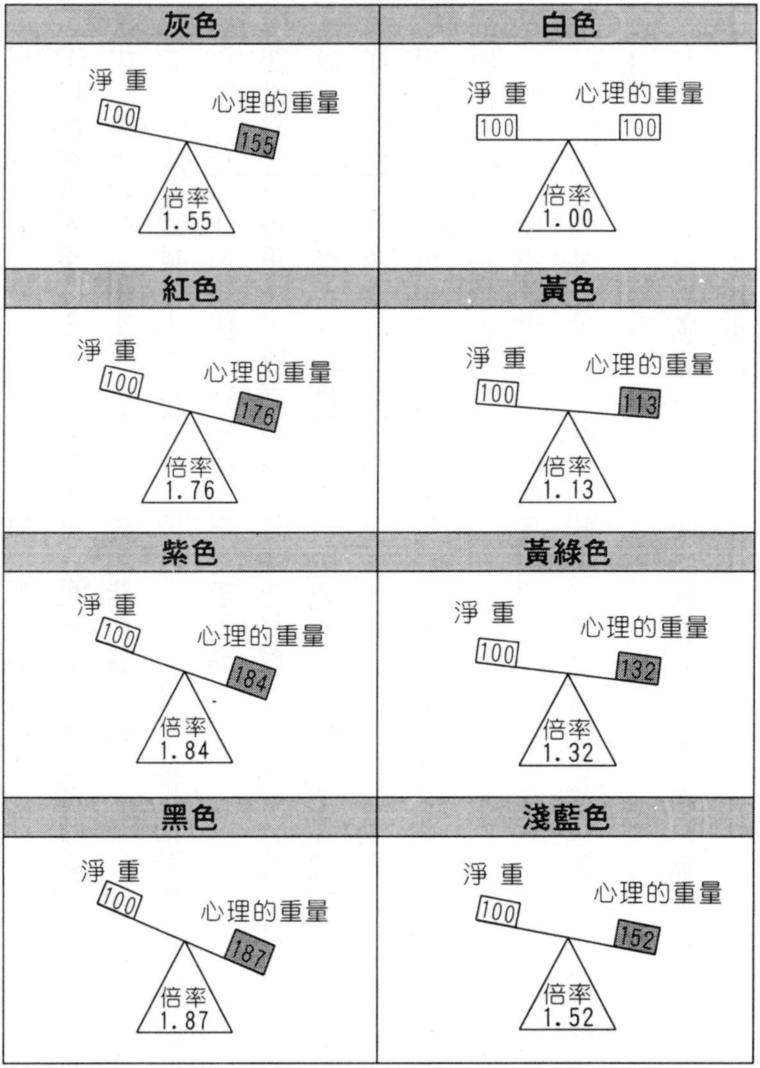

（資料來源）野村順一：『顏色的秘密』增補版，文藝春秋 Nesuco 出版 1994 P.31

另外，在有彩色時，以下列三要點而輕重感有所不同：

①以色相分輕重……所謂色相是紅、藍、黃等顏色相互之間區別的色調。例如，黃色和紫色相比，黃色比較輕而紫色感覺較重。

②以亮度分輕重……所謂亮度，按文字意思來看就是指顏色的明暗度。如果拿紅色和粉紅色相比，紅色讓人感覺重得多。

③以彩度分輕重……所謂彩度是指顏色鮮豔或黯淡的程度。即使是亮度（明暗度）相同的顏色，彩度高的顏色感覺輕，彩度低的顏色感覺重。和鮮明的紅色相比，黑漆漆的黑色因為彩度低，而有沈重的感覺。

想到這兒，就可知道淺藍色包裝的第凡內，感覺起來比用白色包裝紙包裝的物品感覺重五成之多。

「可是，以我的薪水是買不起第凡內的東西的。」

有如此想法的各位男士，既然如此何不使用深紅色的包裝紙，試著傳達「深沈的愛」？

而且，物體的輕重感覺會隨著照明的狀態而改變。在白熾燈泡下看起來重，在日光燈下感覺起來輕。

在拿出禮物時，要選在白熾燈泡下、稍暗的照明場所。

「這禮物看起來沈沈的，不知是什麼？」

情人的期待感，一定會升高。

話雖如此，打開包裝紙時會不會高興，還是決定於禮物的內容。

10 讓情人覺得性感的顏色是什麼？

——二人單獨相處的夜晚所上演的色彩學

今夜，想和情人浪漫渡過。在這樣的時刻，用能夠增添性感的小道具較好。

不分男女，能刺激感官或性衝動（ribido）的顏色是紫紅色（purple）。奧地利有名的精神分析學者佛洛依德說，尋求 ribido 是追求快樂、慾求、快感的本能動力。尤其和性衝動有很強的關係，能驅策一個人的行動。

顏色不僅影響伴侶，對身穿此顏色的人也會發生作用，不管你願不願意，心情都會變得像這種顏色的感覺。

連平常一向行爲謹慎的人，只要身穿紫紅色衣服或配件，自然行爲會變得優雅，表現得比平常大膽，也能坦率地表達對性的慾求。

原本就喜歡紫紅色的人，感情表現豐富，屬於較有個性的人居多。此外，也可說是對藝術方面的感覺超群，而且對哲學或精神面的世界，造詣很深。反過來說，稍嫌曲高和寡，不能忍受虛有其表、實力不足之人。

也許，你會指責：

「連我的感覺都不懂，未免太遲鈍了。」

另一方面，最討厭紫紅色的人，容易否定藝術和精神世界，傾向只能理解世俗的東西、用科學能夠加以分析的東西。

不管如何，姑且不論好惡，要高尙地打扮成強烈表現個性的紫紅色，是很困難的，只有利用飾品或圍巾、領帶等，以強調個別重點的方法來使用紫紅色。再不然，利用睡袍或內衣，直接地產生逼迫感，可能也有效。

在此僅提供參考，除此之外要讓男性覺得性感的顏色，還有可愛的粉紅、燃燒般的緋紅。除了紫紅色以外，能讓女性麻痺的顏色，還有處處可憐的三色菫色、碧空色。

※佛洛依德（Sigmund Freud 一八五六～一九三九年，奧地利的精神醫學家，精神分析的創始者）。

11 談分手時穿什麼顏色的服裝較好？

——顏色訊息的活用法「例外篇」

移情別戀、對方的性格裡存有你無法認同的部分，照此交往下去也不會有結果……。

分手的理由有千奇百種，但關於分手，卻有一個共通點。

那就是，跟情人說再見時，穿黑色衣服去就行了。

顏色本身可以傳遞訊息。也就是，不必太費唇舌，顏色本身就有傳達溝通的威力。站在這個觀點，黑色具有——

「不要命令我做什麼！我自己最清楚」的訊息。

而且身穿黑衣的人，會帶來以下的作用。

・保護自己不受外界影響。

・從未知的恐怖解放出來。
・提升自制力。
・提升自我說服力。

如果對方哭泣或對你威脅，有時也難免會動搖分手的決心。

可是，只要身穿黑色衣服就不怕了。因爲你可以利用顏色和語言傳達出，我是真心要和你分手的訊息。

還有，要拒絕討厭的人時，穿灰色衣服最有效。

灰色想傳遞的訊息有——

「我知道你想說什麼，可是這與我無關。」這種消極性、平和的拒絕意思。

除此之外，灰色衣服在處於以下的心理狀態時，更能發揮達成願望的效果：

・想緩和來自外界的壓力。
・防止不必要的關連。
・想鼓舞自我防衛的印象。
・想加深消極的面容。

例如，遇到不願加班時，穿灰色衣服就可以了。

12 對失戀有效的室內裝潢色彩為何？

——可以利用顏色徹底改變心情

這雖有點危言聳聽，但倫敦泰晤士河上的黑橋，以前真的是刷成黑色的。那裡是投河自殺的勝地，但自從改刷成綠色之後，自殺者竟然減少了三分之一。另外，塗成紅色的舊金山、金門大橋，是美國數一數二的觀光點。然而，它卻是眾所皆知的自殺名所。

當然，每座橋所在位置的地理條件和結構不同，自殺事件多也不能單歸咎於顏色而已。

可是，唯有一點可以肯定的是，黑色和紅色對絕望中的人，是「不對勁」的顏色。黑橋的黑色，雖然不致於令人聯想到喪服，但卻是使人意氣消沈的顏色。只要徘徊在那座橋上，心情就會更加灰暗。

另一方面，金門大橋的紅色，是產生鞭策人們、不斷引起衝動的印象顏色。

所幸，黑橋的自殺者減少，是因爲改塗成綠色所致。

綠色（自然色），使一個人擁有詳和的感情。本來想不開而要自殺的人，後來拜綠色之賜，心情會稍有起色。

「屈屈一座橋的顏色，就能挽留自殺者的心思……」也許有許多人會這麼想，但色彩就是會對人的心理產生微妙的作用。

當然，自殺的例子是極端的，不過當你失戀處於低潮時，把自己關在統合的（黑、白色）房間裡，心情會更加憂鬱。

何不將窗簾或桌巾的顏色變換成翠綠色，並在房間擺放觀葉植物，使消沈的心情開朗起來。例如，走到滿地翠綠的戶外，一定能使心情變好。

第二章

工作與色彩學

——寫給希望更加飛躍的你

13 為什麼社會新鮮人的服裝一律是藏青色
——從色彩學上給予合理的解釋

一到求職旺季，商業街滿是穿著一身穿不慣西裝的大學生。他們身上穿的衣服，淸一色是藏青色西裝。

看他們那副樣子，有些知名人士或評論家會說：

「大家都穿同一顏色，好噁心！」

但我覺得這一說法也不是不負責任。因爲，大家都喜歡藏青色西裝，自有他的理由。

依據色彩學上的「色彩溝通」的理論，顏色是心理的訊息。也就是，不必靠語言、詞彙、談話，也可透過色彩，照樣傳遞信號、訊息、意思。服裝的顏色，也是「色彩溝通」的重點。在生活中的各種場面，根據你身穿何種顏色，可以發出不同的訊息給對方。

以那樣的觀點來分析，藏青色是暗示「賢者」、「知性」的顏色。同時，也代表知識、權威、自我控制（自我管理能力）的良莠，有乍看之下（？）

讓人覺得聰明的作用。

因而，身穿藏青色新人裝的學生，會讓負責任用者覺得是：

「看起來聰明的學生。」

「是個作為工作伙伴的理想新人。」

「將來，可能是一位值得依賴的企業人材。」

藏青色西裝不只是保守、安全而已，也具有其道理的服裝。

而且，即使不是求職時，喜歡穿藏青色西裝的人，會傳達出「我想當決策者」、「想當人上人」的訊息。

根據某一調查，喜好藏青色的人，以企業經營者、裁判者等，從事必須決策或下冷靜判斷的人居多。

他們一般都有識人的眼光，很會建立人脈關係。和教育有關的職業，可能是適合他們的工作。

接著說明，喜歡藏青色的女性，自立心強，為自己的工作肯奉獻的人居多。但是，稍有作威作福的傾向。身邊如果有此類型的前輩女職員，請多小心。

14 為什麼中年男人喜歡穿素色的西裝？

——星期五休閒時的建議服裝

在日本規定「星期五是休閒日」的公司增加了。這是一種嘗試一星期至少一次，將套裝放在一邊、脫掉西裝，改穿輕鬆服裝的活動。

大致上在年輕上班族中得到好評，但是對歐吉桑一輩的人則感到不知所措。不管本人多麼費心打扮，還是變成被女同事當成批評的對象。

「休閒服裝怎麼和高爾夫裝劃上等號？」

「歐吉桑們，顏色的品味好噁心！」

可是對他們本人而言，以前穿慣了深藍色西裝，因而「到如今不知穿什麼才好」，而大感煩惱。

我不是要替歐吉桑們辯護，而是深藍色、灰色、茶褐色，原本就是最適合日本商業社會的顏色。

深藍色使人看起來很知性，象徵具冷靜判斷力、具自我管理能力。事實上，愛穿藏青色的人中，不乏許多企業領導者。

灰色，使人感覺你是有分寸、正經的人。喜好灰色的人，處事慎重、自制，是爲公司或朋友不惜粉身碎骨的類型。

同樣地，受歐吉桑們喜愛的茶褐色，代表堅實的努力、包容力、誠實的意思。即使委任予重要工作，一定能夠成功地勝任，給人剛毅的感覺。

以上所列舉的顏色特徵，正是公司當局所企求的資質。

況且，服裝的顏色是不可思議的，可發出訊息給他人，同時也影響了自己本身。如果一直穿深藍色的衣服，不論心理上或肉體上，都會具備符合其特徵的氣質。

到目前爲止，日本的商業社會，還是具有喜歡深藍色、灰色、茶褐色的固定觀念，忠實地嚴守此觀念。

分析他們的心聲，發現他們都覺得只要穿上和大家一樣的黑色、灰色、深藍色、茶褐色的衣著，就會感到安心。這叫做社會的制服化。

想不到如今，突然被要求星期五改穿休閒裝，要從固有觀念掙脫出來，談何容易。人的色彩喜好，是比你想像的更頑固。

在這意義上，男性的彩色流行範圍較狹隘也說不定。好不容易才使工作上的服裝解禁，但還是有人故態依舊，每天照樣穿西裝上班。

女性即使是公司制服（當然私人衣服也是），也要採用比較自由的顏色搭配，相對地，男性的服裝就差多了，比較保守。

話雖如此，放眼看整個社會，毫無疑問的，今後對色彩的自由化會更進一步，而擴張到喜好的範圍。

在此希望歐吉桑們拿出勇氣，向新顏色和新設計挑戰。

15 提高辦公室效率的牆壁顏色是什麼？

——使無趣的時間縮短的方法

約會或做運動時，總覺得快樂時光過得真快，但用文書處理機整理傳票或經理的文件時，總是感覺到下班時間還很久……。

「因爲你在從事無聊的工作，所以時間過得慢也是理所當然」，也許你會這麼想，但時間經過的感覺，大部分和辦公室色彩的影響有關。

解開此一謎底，發現我們心理的時間經過的感覺，受顏色左右所致。

例如，叫數個營業員拿掉手錶，在沒有窗戶的紅色房間開會，結果，實際接洽的時間花了三個小時，可是每個人都認爲花費了六個小時。

在紅色或橙色等暖色系列爲裝潢的統合房間中，時間的經過比實際時間長過兩倍以上，實在過於誇大，但這是本實驗所發現的。這稱爲體感時間。

將此特徵反過來運用的，是大飯店及結婚會場。結婚典禮的會場或喜宴上，大多會舖上深紅色的地毯。紅色不只是洞房花燭夜的象徵，也會使參加者感覺時間拉長。實際上只有兩個小時的喜宴派對，也會陷入時間是緩慢流逝的「錯覺」中。

拜此之賜，飯店方面不僅能滿足客人，同時對新郎新娘、親戚等一群人也處理得有條有序，一天內可以承辦好幾場婚禮。

相反地，在淺藍色或綠色等寒色系列的房間中，會在心理上時間過得快的效果。由實驗證明出，時間的經過少於二分之一以下，被評估得過短了。

就因爲如此，從事單調的傳票整理工作時，不妨試著在牆壁是藍色、青綠色等顏色的房間裡工作。

心想「過了兩個鐘頭了吧！」想不到已快下班了。

不只是壁紙而已，連辦公室的椅櫃等配件、配備，都可以用寒色系列整合起來。當然，工作環境也不能單靠時間的經過這個觀點來加以判斷，而將所有公司的牆壁都刷成藍色……。

16 有沒有能帶來成功的顏色

轉職、自立後成功的秘訣

被稱爲史上空前的就業超冰河期，是無論應屆畢業生或希望轉業的人，都很難找到理想工作的時代——。

既然，正是這樣的時代，因而心想「反正無法順利就業，何不自己創辦事業」的人也增多了。尤其是，和網際網路相關的事業、看顧小孩的工作、老人安養中心等，成爲今後受矚目的商機。

因此，下面提供給轉職、自立後，想掌握機會的人們，一個聚集幸運的色彩技巧。

●男性的情況＝香草綠

愛用綠色的男性，具有守護社會道德的堅強意識，不會誤入歧途。

被周遭的人視爲是誠實的人而受到信賴。也發揮出聚集資金的卓越手腕。

香草綠是穩重、易於搭配的顏色。可以毫不勉強地使用在領帶、口袋、手帕、毛衣等時髦穿著上。

在辦公室裡，也可依照字義，直接擺上一盆香草盆飾。

●女性的情況＝蘋果綠

喜愛這個顏色的女性，富彈性、好冒險。不適合呆板的例行公事，但是挑戰精神和好奇心旺盛。

而且，喜歡充分發揮自己的能力，即使從事和尖端科技或專門工作有關的行業

（Eventure business），也有成功的可能。即使是從事自由業，也會鋒芒畢露。

況且蘋果綠會使日本女性的肌膚看起來更美麗。爲你帶來浪漫的機會。

附帶一提，爲今後想掌握住機會的人，提供一句活躍於文藝復興時代的馬基維利的名言：

「幸運的女神，留海很長，但沒有馬尾。」

也就是，機會迎面而來時就要趕快逮住。等到機會擦肩而過再去追趕，絕不會抓得到。

※馬基維利（Niccolo di Bernardo Machiavelli 一四九六～一五二七年義大利的歷史家、政治家）。

17 什麼樣的錢包能招來財運？

——你的錢包是什麼顏色？

錢包，尤其是皮夾，許多人都使用黑色和茶色，然而，受眾人歡迎的黑色和茶色錢包，反而會使財運衰微。

首先，電視連續劇上常看到的大保險箱，大都是黑色的。

帶黑色皮夾的人，就像守保險箱的人一樣，一旦錢放入錢包，絕不再使它出去。即使有難得的賺錢機會，也捨不得出資。無法高明地使用錢財，享受金錢，因此，周遭的人都認爲他是守錢奴。結果，變成是無法當富翁的類型的人。

帶茶色錢包之人，容易浪費。收入和支出無法平衡。身上經常空空如也。就像水潑入土中立刻乾掉一般，懷中無法盈滿。

年輕女性們喜歡的紅色錢包，也和茶色錢包同樣地，金錢會不斷地花出去。成爲名符其實的赤字錢包。

以女性的立場來看，讓拿茶色錢包的情人不斷請客，結婚之後，再讓他換成黑色錢包就可以了。只是，丈夫可能突然變小氣，連買菜錢都嚴格控管，就無法忍受了。

那麼，有沒有可以適當使用金錢，又可變富有的錢包呢？

其實，有那種魔術般的錢包。本書就特別教授給讀者。

爲提升財運，最好使用綠色的大皮夾。綠色代表葉綠素，所有的植物都靠葉綠素行光合作用。只要帶著綠色的錢包，就像植物枝繁葉茂般，金錢也會不斷增加。用此種顏色的錢包，來裝彩券也很有效。

此外，商店的經營者或自己營業的人，可以使用綠色的手提保險箱。綠色是代表資金調度力的顏色，因此可以日進斗金。

如先前所敘述的，用黑色的大型保險箱存入大把大把的鈔票，會具有讓錢不再出去的作用。也就是，阻止了現金的流通。

這麼說來，像美金的紙鈔，也有個別名叫綠貝（green back），世界經濟以綠色的美金爲基準來運作，看來絕非偶然的。

18　為何政府的調查報告書稱為「白皮書」？

因為封面是白色的、或內容白白的呢？

「白皮書」這一詞彙，在『廣辭苑』中解釋爲「政府的正式調查報告書，日本從一九四七年七月起由片山內閣開始使用」。

並且，白皮書是「white paper」的翻譯語，原來是英國政府的外交報告書封面用白色紙而來。

模仿英國政府，眞是有點不長進，還好沒有直譯成白紙，也就算了。可是，在色彩學上，喜歡白色的人，永不妥協，爲了崇高理想寧可粉身碎骨、努力以赴。希望上班族的各位將此銘記在心，多多奮發努力。

附帶說明以供各位參考，現在的勞動白皮書或經濟白皮書的封面，是使用圖片的四色印刷。並不再是無花樣的白紙了。

19 企業的標誌，色彩華麗的較好嗎？

簡直是表示公司的「顏色」

凡是看電視廣告、雜誌廣告、看板、商品說明手冊、公司簡介等，幾乎沒有不打上企業的品牌標誌。

只看標誌的顏色，就能一眼知道他是哪家公司或什麼廣告的居多。

以單色爲中心，傳達新的經營理念或理想的概念給社會大眾的活動，就

稱ＣＩ（Cooperate Identity）。

簡單地說，就是向公司外的人訴求說：「我們的公司就是這麼好的公司。」而其訊息的象徵就是標誌和形象色彩。

當然，標誌或顏色，務必要能直接地傳達公司的作風才行。簡單的設計、易懂的色彩，更具效果。

例如，日本電信電話公司把公司名從ＤＴＴ改爲ＮＴＴ時，也同時戲劇性地更改了公司標誌和其顏色（參考彩色插圖）。

首先，這個標誌一筆就能描繪出圓圈圖樣，因而被命名爲動態強力圈。強而有力的曲線，象徵無窮盡的運動。也就是，不僅是無止境，也是創造和挑戰的周而復始。表現出以無限的發展爲目標的訊息。

另外，在標誌上方的小圓圈，含有傾聽顧客和公司的聲音，服務大衆的意義。

裝飾象徵標誌的形象色彩中，有被稱爲ＮＴＴ藍的光亮藍色（Vivid Blue）當主色，也使用了和藍色相當調和的銀白、黑、橙色三色當支援色。

此外，三色主要顏色的使用方法，依據應用規則嚴密地予以劃分。

所以，改變指定色或圖樣，和原設計稍有不同，會使企業和品牌的印象變得曖昧不清。並不是相似的顏色就可以。

不限於NTT，凡是在CI戰略中被當作象徵標誌使用的顏色，都必須要具有明白訴求於眾人的特性，才會有效果。

淡粉紅色、淺紫色、淺灰色等，要做爲服飾或當裝潢是很漂亮，但是做爲公司的形象色彩就稍嫌薄弱了。

假如豎立起淺灰色的公司招牌，可能遠遠看來一點都不醒目吧！一面訴諸於公司的良好印象，並且使用高雅醒目的顏色，似乎真是不容易。

20 日本鐵路JR各公司的形象色彩有何意義？

——其中包含的絕妙訊息

從前的國鐵（日本國有鐵路／JNR）經過民營化，將公司名、標誌、顏色都煥然一新。整個公司劃分成不同地區的六家公司、加一個貨運公司，一共是七家公司。各個公司採取獨自的色彩溝通戰略（參考彩色插圖）。

新誕生的「ＪＲ」各公司的形象色彩中，各自包含有如下的訊息。

●ＪＲ北海道……淺綠色

此種顏色，象徵從純白的雪地一齊萌芽，點綴山野的柔軟草木。並由此衍生為訴求公司的清爽、舒暢的印象。

附帶一提的，它的正式名稱為「北海道旅客鉄道」。鉄字的右側刻意寫成「矢」字，因為鉄字和「失」、「金」的意思相通，聽說才特意寫成異體字。

●ＪＲ東日本……綠色

象徵東北、信越、關東地方豐富的綠色，和東北上越新幹線的帶色相同，表現出飛駛在水田地帶之列車的印象。

●ＪＲ東海……橙色

這是廣闊無際的東海，和天空那一頭渲染出的黎明色彩。也具有新鮮、生氣蓬勃的水果柳橙的意思。另外，公司也使用「龍膽花」做為公司徽章的主題。

龍膽花是耐得住惡劣天候，楚楚可憐的紫色花朵。包含了二十一世紀的鐵路事業，必須兼具親和力及堅強的特質和理念。

●ＪＲ西日本……藍色

在文化和歷史色彩濃厚的地域性意識之下，表現出在當地根深蒂固的公司印象。另外，也是給予豐富海洋和湖泊的印象。

原始旅行品牌「ＷＥＮＳ」是由 **West・East・North・South** 開頭第一個字母組合而成，含有「旅行由西開始」的訊息。除了鐵路事業外，公司也致力於旅行業的發展。

●ＪＲ四國……淺藍色

比太平洋的藍色稍淺，卻是更鮮豔的藍色，代表澄清碧空的顏色。希望將「蔚藍國度＝四國」的印象深留人心。

●ＪＲ九州……紅色

紅色，象徵南方明亮的太陽國度、燃燒的熱情。而且，ＪＲ貨運公司，採用稱為貨櫃藍的顏色，將兩萬個貨櫃都改變成明亮的天空藍。

另外，代表全日本鐵路集團時，是以白、灰、黑三個無彩色來整合。

一般認為，企業的形象顏色以使用紅、橙、黃、綠、藍、紫六色，加上若干修正色較好。中間色或 Pastel Color，靠近點看時雖然很漂亮，但做爲企業的色彩則太缺乏魄力了。

有趣的是，JR六家公司的顏色，除了紫色外全都符合基準色。可說是對CI戰略很有一套。

21 電車的顏色是如何決定的？

——除了設計之美外還注意安全

基本上，鐵道車輛根據安全性和良好印象二點來決定顏色。

鐵路會穿過海邊、山岳地帶、都市等各種色彩環境，而高速地行走，所以非選擇遠遠看來就一目了然的顏色不可。這種顏色稱爲警戒色。

例如，粉紅或紫藤色的車體，近看時很美。但是，在東方剛發白時或傍晚以後，難免太過模糊不易分辨，就好像淺灰色的車體等，容易消失在一片霧中一樣。

如果說，只要華麗的顏色就行，也未必竟然。大紅色、藍色等純色剛塗

上去時很醒目，可是時間一久，反而很礙眼，到了無法忍耐的程度。

因此，車體的顏色，會選擇彩度比較高，久看不膩的顏色。

在日本，首先被塗上明亮色彩的是，東海道線的湘南電車。

一九八〇年，橙色和綠色的雙色車身，頭一次和乘客見面時，引起了一陣騷動。附帶說明供各位參考，有人說此種車輛的色彩，是代表東海道沿線的橘子的果實和樹葉。

在這之前的日本鐵道的車輛，幾乎都是黑黑的葡萄色。因爲是由蒸氣火車頭牽引，有的車輛被薰得黑漆漆的。之後，被稱爲葡萄色二號的電氣火車頭，便在各地活躍。雖然沒有速度感，看到的人都覺得它堅強有力。鐵道迷們，有許多人對以前稱爲「舊型EL」的電氣火車頭很著迷。

再回到電車的話題。除了先前提到的湘南電車之外，行駛於海濱地區的橫須賀線電車，以奶油色配上暗淡的藍色，令人聯想到白砂青松。此外，在降雪地帶或寒冷地方，會將車體塗成暖色系，相反地，在溫暖的地方則刷成寒色系，在車體的顏色上下了許多工夫。

可見鐵道車輛除了乘坐之樂外，也可增加觀賞之樂。

此外，東京和大阪的地下鐵，其路線圖所表示的顏色和車體相同，是其特徵。搭乘和路線圖同色的車輛，就可到達目的地了。

世界上，也有許多城市的路線是依顏色劃分的，但連車體的顏色都相同的，也只有東京和大阪而已。

話雖如此，像紐約就有三十五條路線之多，如果一律指定明顯區分的不同顏色的話，幾乎是不可能的。

22 飛機的機身如何塗色？

——飛機機體過大，不方便人工塗漆……

最近，流行在飛機機體上彩繪。國內，首先由ＡＮＡ（全日空），經由一般招募選出「空中飛翔造型」的彩繪飛機，限定期限飛航。

ＪＡＬ（日本航空）以畫上迪士尼的漫畫人物的「夢幻快速飛機」，及以木槿和花鳥爲設計圖案的「超級休閒快速飛機」最受人歡迎。

ＪＡＳ（日本空運），在九六年春天購入新機種，採用了世界有名的黑澤明導演的圖案。五種圖案中，使用七種光譜的顏色（紅、橙、黃、黃綠、綠、藍、紫），直接了當地使人產生彩虹的印象。

至於，這些飛機的塗裝作業，是以稱爲靜電無氣的塗裝法，應用正負電極互相吸引的性質來爲飛機塗色。

塗料先裝入噴槍的噴嘴裡，連接直流電六千瓦特的高壓電，使塗料的微粒子都帶負電。接著將飛機機體接觸地面，使塗料吸引至機體表面，附著機體上。利用此種吸引塗裝的方法在於減少顏色不均勻發生，可以塗上均勻又薄薄地一層顏色。

利用此種方法塗裝機身，機體表面沒有細小的凹凸，可以減少飛行時空氣的阻力。不只外表看起來漂亮，也具有可以節省燃料費的優點。

順便告訴各位，機體換新塗料時，以B747型的噴射機來說，約需耗時十二日。每架飛機要花費二千萬～三千萬日幣。

而且，以換新漆的方法減少燃料費來看，聽說還是十分划算的。航空飛機的塗裝，不僅是爲了形象，也具有非常實用的好處。

23 速食店的看板為什麼都是紅色的？

——從漢堡店到牛丼店都是如此

走在街上，從漢保店到炸雞店、甜甜圈、三明治店等，可看到各式各樣的速食店。

在這些速食店中，最早開店的是一九七〇年創辦的肯德基炸雞店。隔一年，唐先生甜甜圈、麥當勞開張。又過一年，儂特利也開幕了。

在這幾家店中，最引起騷動的，要算在銀座四丁目開店的麥當勞一號店。星期天的行人專用道裡，儘是充斥著邊吃漢堡邊走路的年輕人，大人們莫不皺起眉來，覺得他們「真難看！」

之後經過了二十五年，速食店完全在此生根。

能夠受到如此的歡迎，不外乎是速食店具有價錢合理、單獨一個人也可走進用餐、可當正餐也可當點心、可以外帶……等等，許多的優點。

然而，凡是速食店，意外地都有一個沒被發現的共通點，你們知道嗎？

那就是，商店的看板都是紅色的。

如果放三稜鏡等分光器在太陽光下，就會得到連續的光譜。其中紅、橙、黃色的光線，會引起飢餓感，能幫助消化。所以，走在街上看到速食店的紅色標誌，就會產生「肚子好像有點餓，進去小吃一番吧！」的感覺。說得難聽一點，那種紅色的看板，可說是招攬客人的誘蛾燈。

而且，這種看板戰略，不只是以年輕人爲對象的店在使用而已。以忙碌的上班族爲對象的牛丼店吉野家、牛肉飯的松屋等，不都是豎立起橘色的看板嗎？不用說，使用紅色或橙色的外食產業很多，這絕非偶然。各企業也都爲了引發顧客的食慾，訂立了綿密的色彩計劃。

第三章

居家與色彩學

——寫給熱愛家庭的你

24 為何新娘的睡衣是粉紅色？

粉紅色使女人看起來更有魅力

粉紅色的睡衣，難免有人會想入非非。

可是，此種顏色，就像會讓人聯想到A片那樣，並不是代表單純的色情。

顏色都各自有其固定的振動，人體由十九種元素所構成，這些元素經常在振動。

人們看顏色或當成衣服穿在身上時，身體各部位和顏色的振動一致的話，可使身體機能活潑化，使那個部位起死回生。在這意義上，我們知道粉紅色具有使人更年輕美麗的效果。

在海外，盛行「色彩呼吸法」。它是生物體自我控制（Biofeed back）的一種，和瑜伽的呼吸法相似。

那麼，如何呼吸色彩呢？

在色彩療法的領域中，玫瑰色（Rosy Pink）被看成是最合適的顏色。不必太執著，只要描繪自己喜好的粉紅色即可。

很難聯想到具體的粉紅色時，可以從房間內的粉紅色用品或看看花也可以。其次，告訴自己，我正在吸入粉紅色的空氣，並一面吸入空氣，再緩緩呼氣。

只要如此反覆深呼吸二、三次，屆時，心中唸著「我要年輕」、「我要漂亮」。此一呼吸法，在早晨一覺醒來時，或一天中方便的時間，以及夜晚、睡眠前，一天實行三次即可。

快的話數個月即會出現效果，看得出鏡中的自己是多麼的生氣蓬勃。皺紋或鬆弛的皮膚自然消失，其中，也有人年輕了二十五歲之多。

如此一想，新婚的女性穿上粉紅色睡衣，好像也並不是偶然的。粉紅色使自己看起來年輕有魅力，女性們可能在無意識中瞭解了這個秘密。

演藝界中穿粉紅色衣服的人，首先令人想到大屋政子小姐。其次是藝人林家的貝先生和芭子小姐這一對夫婦。

雖然都說年齡不詳，可是對看著電視的人而言，他們看起來都比實際年齡年輕許多才對。其年輕的秘訣在於，他們註冊商標般的粉紅色服裝。

25 臥室的照明真能決定生男生女嗎？

當今多的是獨生子，如果……

根據日本厚生省統計資訊部所發表的資料，一九九四年出生的人數為一百二十三萬八千三百二十八人。其中男孩子六十三萬五千九百一十九人，女孩子六十萬二千四百一十三人。

從前，說一姬二太郎，認為頭胎生女兒、第二胎生兒子，這樣比較容易照顧。可是，最近，不管是男是女，只有一個小孩的家庭增多了。

然而有一說法，認為臥室的照明能決定生男生女。

夫婦的寢室擺放紅色燈罩，以白熾電燈泡當照明，則男女出生的比率為：男孩子百分之七十，女孩子百分之三十。

但是，將照明放為日光燈時，反過來男女出生的比率為，男孩子百分之三十，女孩子百分之七十。

而且，在太陽光線充足的環境中，男女出生的準確率則變成各佔一半。

「既然如此，我們想生女孩子，今夜開始就點日光燈好了。」

對有如此想法的人，要說聲抱歉。真正來講，此一數據是依據對照老鼠的實驗結果而來。在人類身上是否也有相同情況，現在沒法證實。

暫且不談生男生女的事，臥室所使用的照明，還是使用有燈罩的白熾燈泡最好。

白熾燈泡，包含有紅、橙色、黃色的光譜，能營造輕鬆的氣氛。

相反地，日光燈屬於黯淡的寒色光，會使自律神經遲鈍。

也有人使用日光燈的檯燈看書，因爲短波長的光反而會使視力惡化，務必小心。

26 想培育出感情豐富的嬰兒，母親該穿什麼顏色的衣服？

——從色彩學觀點，給新人媽媽的建議

最近的年輕母親，不只是自己的穿著，連嬰兒的服裝也很講究。

走在街上，可以看到穿同一品牌母子裝的媽媽和小孩。這固然是使人莞爾一笑的情景，但你們知道小小的嬰兒對顏色也有好惡嗎？

幼兒和成人的色彩喜好模式

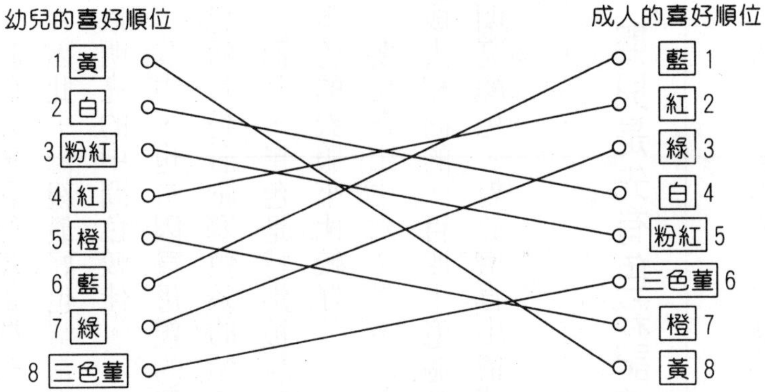

（資料來源）野村順一：『商品色彩論』，千倉書房, 1966 P.127

新生兒最初感興趣的是觸感、光線、會動的東西。

首先，是觸感。嬰兒的唇和手透過撫摸母親的乳房，可以培養豐富的情緒。

第二，即使嬰兒躺在床上，脖子也會想轉向光亮的一邊。因此，頭形可能一時偏向某一邊，這時母親只要把嬰兒床的方向轉過來就好了。

第三，嬰兒最喜歡看會動的東西。

在嬰兒床上，吊起會團團轉的玩具，嬰兒的手腳會啪嗒啪嗒地舞動，顯得很高興。這個玩具最好使用紅色、橙色、黃色等明亮的顏色。

出生後二～三個月，嬰兒開始發展出色彩識別的能力。

我們知道乳兒最喜歡的顏色是黃色，其次是白色、粉紅色、紅色、橙色。因此，母親最好也常常穿著嬰兒喜歡的明亮暖色系衣服較好。嬰兒服裝也以明亮的中間色較佳。

其中，也有因爲母親的興趣，而讓嬰兒穿著綠、藍、紫色衣服的人，但嬰兒通常是討厭寒色系的顏色。

而且，黑色是特別被討厭的顏色，因此爺爺、奶奶來玩時，勸他們不要穿黑色的衣服來比較好。

嬰兒在出生六個月後，就能明顯分辨顏色。出生九個月之後，就已形成和成人相同的一百四十億個腦細胞。因此，在這期間，讓孩子看許多他喜歡的明亮顏色，對於培育出情感豐富的孩子是很重要的。

27 嬰兒是先有色彩記憶還是形狀記憶？

——孩子圖畫中的配色很「藝術」理由為何？

人的腦細胞中，每個約有五十條左右的神經纖維，連接其他細胞，製造

出複雜的迴路，小孩子在三歲之前，就已經連結好大人的百分之七十～八十的迴路。

有句話說得好「從三歲看到老」，小孩子在這時期之前，已奠定好人的基礎。話雖如此，也不是說他就能和大人完全一樣地掌握事物。

例如，此時期的大腦，對色彩和形狀的概念，分別獨立而發達。

根據心理學者D・卡茲的實驗，他讓幼兒看紅色飛盤，並請他——

「選出和這相同的東西。」

結果，孩子們沒有選擇綠色或黃色的飛盤，而選了紅色的三角形、紅色的四角形。

也就是說，在孩子的發展過程中，顏色是優先於形狀。

雖然如此，有一位母親告訴過我——

「我家的小孩兩歲，畫圖時只使用粉紅色的蠟筆……」

她所擔心的好像是孩子欠缺色彩辨別的能力，但眼科診斷並無任何異常的話，就不必擔心。

對那個孩子來說，紅色和粉紅色可能是他最喜歡的。

幼兒期的小孩，傾向於喜歡暖色系顏色，最喜歡黃色、白色。

二～三歲左右的小孩，有時會用紅色畫樹木，或將蘋果塗成粉紅色，但隨著成長，他會統合形狀和顏色，能夠辨別它們。不必管他，日後孩子自然能將樹木畫成綠色，蘋果會塗成紅色或黃色。

假如，在他頭腦還沒充分發達的期間，強制他「不要用這個顏色畫」、「這個形狀，應該塗這種顏色」，這反而是奪走孩子自由自在畫畫的喜悅。

28 「扮鬼臉」時的眼睛真是紅色的嗎？

日本和美國在「紅眼睛」這點上有所差異

孩子時，取笑玩伴，或輕視討厭的伙伴時，總會對他「扮鬼臉」。

探討扮鬼臉一詞的語源，可知原本應叫「紅眼睛」（akame），但語音脫落逐漸叫成「akanbei」（扮鬼臉）了。

真正地扮個鬼臉，以手指將眼瞼往下拉，可看到下眼瞼的黏膜，看起來紅紅的。以這種滑稽的動作，可以達到矮化對方的效果。

然而，在美國把忙得連睡覺時間都沒有，眼睛通紅地工作的上班族，直接叫 red eye。和日本的紅眼睛（扮鬼臉相比），有點悲壯感。

這麼說來，想到日本有一句話說：「赤色的陌生人。」

這個「赤」是源自於梵語的（arga），漢字寫成「閼伽」，英語是「aqa」。不管怎樣，都是指供奉在佛前的水。

後來，日本將像水一般冷淡的陌生人，當成「閼伽的陌生人」，寫成「赤色的陌生人」。

此處所使用的「赤」完全是假借字，赤原本是表示火或熱情，這裡是當做完全相反的意思使用，真不可思議。

29 為何小學生的書包一定要黑色和紅色的？

——將來，也許書包的顏色會變成彩色的

以小學一年級來說，總愛亮麗的書包。男孩子背黑書包，女孩子背紅書包，這在從前是極其自然的選擇，但最近四～五年，顏色的豐富性增加了。

在某家百貨公司，推出深褐色、帶藍色色澤的黑色、玫瑰粉紅、橄欖綠、黃色、白色等，二十色原始型書包，然而銷售的情況是一直沿用的黑、紅色書包賣出六十五％，其他顏色三十五％。

究其原因，只不過是因爲習慣用書包顏色區分男女罷了。在教育委員會，「並沒有指定男女書包的特定顏色」。

同樣地，文具也是，男孩子用藍色、女孩子用紅色，只是拘泥於「這樣像男孩子、這樣像女孩子」的迷思，是大人們一廂情願的想法。

如果讓小孩自己選擇喜歡的顏色的話，不論書包的顏色或文具的顏色的話，應該會色彩繽紛吧！

可以從乳幼兒期到上小學的孩子中，發現他們對喜好的色彩幾乎沒有性別上的差異，而得到證實。

年紀小的孩子，一律喜好暖色系的顏色。

到此之前，聽說以「假如只有我家的孩子顏色和別人不同，說不定會被同學欺負」或「紅、黑以外的書包價格較高」等理由，而選擇固有類型書包的人很多。

然而，從數年前開始，彩色的書包受歡迎的程度持續升高，依我個人的意見，如果你希望孩子自由地表現他的個性，不妨在書包及文具用品上多增加些色彩。

30 什麼樣的裝潢可以培養孩子的創造力？

——稍微下點工夫，使孩子更舒適地成長

「不該教孩子科學，而是給予一點對科學的興趣就足夠了。」

這是法國思想家J·J·盧梭說的。

重要的不是教導孩子科學知識，而是使他們產生對科學的興趣。孩子自己會思考，你只要爲他們構築一個可以發揮想像的環境——盧梭就是這麼認爲。

這句話，也不限於科學方面，也適用於孩子的一切教育。與其從小爲考試而猛塞給他知識，不如讓孩子自己拓展想像之翼，爲他打造一個良好的環境。

因此，從色彩學的立場，給予一點建議，告訴你讓孩子們能夠舒暢地熱衷於讀書和遊戲的裝潢術。

首先，把整個房間的裝潢，用寒色系列或淺灰色整合。例如，使用淺藍色，可使新陳代謝活潑、身心都得到放鬆。窗簾也以寒色系爲基礎，粉紅或淺紫等，混合好幾種顏色的印花布料也可以。不要讓房間太過單調，立體的、有些小花圖樣等的較爲適合。壁紙以素色（紡織品）較好。素色的壁紙，具有白色畫布的效果，使小孩子的想像力更爲擴展。但是，如果是呈現出自然木紋的木板牆壁，不換掉也沒關係。

另外，在擺飾方面，可以插一朵花，或以孩子喜歡的塑膠模型做裝飾也可以。

相反地，印有卡通人物或花朵圖樣的顯目壁紙，會使孩子原有的想像力低落。這是因爲壁紙的個性過強，阻礙了孩子遨遊自己的世界的意願所致。

※盧梭（Jean Jacques Rousseau 一七一二～一七七八年，法國思想家、文學家）。

31 如何選擇讓孩子課業成績好的書桌?

——比說「快用功」更有效果的色彩魔術

最近的書桌都做成了書架和書桌一體的。書架的前方還配備有溫度計、濕度計、削鉛筆機、日光燈,並且還畫上孩子喜愛的卡通人物。

可是,這一類型的書桌,讓你覺得眼前豎起一堆東西,給小孩心理的壓迫感。

外表看來可愛的卡通人物圖樣,其實會使讀書時的集中力分散。

此外,辦公廳所使用的辦公桌也不適合拿來讀書,因爲桌子的表面,吸收掉光線了。

尤其是,灰色(JIS N5・5號)的鋼製桌子,桌上的光線反射率才二十四%而已,剩餘的七十六%的光線全被桌子吸收掉。換句話說,我們的生氣也被吸收掉了七十六%。

在那樣的桌子前讀書,即使是做你最感興趣的理科實驗,或閱讀故事書,其興趣也會被分割掉百分之七十六。

如果無論如何非使用鋼製桌子時，不妨在上面鋪上象牙色的桌巾，就可以了。

擺放桌子的地方，以房間的正中央最好，矮桌最適合，用功完畢就可以摺疊起來。天花板愈高，創造力愈豐富。

如果非把書桌擺放在房間角落不可時，也不要緊緊貼住牆壁或窗邊。不管桌子的前方或側面，最好都能離牆壁三十公分以上，才能沒有壓迫感的集中精神讀書。

檯燈的高度要比視線高三十公分，用六十瓦特的白熾燈泡照明最好。因爲白熾燈泡的話，它的溫暖燈光使桌子看起來較立體，可以提升孩子的集中力。

一般人覺得日光燈很亮，其實他對身體不太好，螢光燈的照射是平面的不形成陰影，而且，長時間在藍白光線照射下，健康情形會惡化，在不知不覺中，孩子變得無精打采。

32 有沒有可以解決孩子被欺負、拒絕上學問題的服裝？

——黃色衣服具溝通效果

孩子「被欺負」成爲當今社會一大問題。

除了被朋友排擠、說壞話等心理上的欺負外，使出暴力、勒索錢財等惡質的行爲也一直增加。

果真如此，就再也不是「欺負」問題，而是「犯罪」行爲了。

被欺負的孩子，可以說必定會向父母或老師發出「救救我」的訊息，而希望大人們有所發覺。

而且，即使不那麼嚴重的欺負問題，有些小孩因此會變得內向，很難交到朋友。

對於這種小孩，我建議讓他穿黃色襯衫或毛衣。

爲什麼呢？因爲黃色就是代表溝通的顏色，能夠向對方傳達「我們做朋友吧！」的訊息。

喜歡穿黃色衣服，心情就會像太陽一般開朗，而且，表情也會變得豐富。

心情低落陷入沈思的人，也能浮現對新事物的挑戰意願，積極地行動。

況且，黃色又具有使自己和對方放鬆的作用，在不知不覺中會增加朋友。

例如，讓拒絕上學的孩子穿黃色襯衫，有人可以克服容易害羞的性格，很有精神的上學去。

不只是在學校想結交朋友時才穿黃色衣服，參加讀書會或社團活動時，黃色也是能夠發揮溝通效果的顏色。遇到這些場合時，請務必試試看。

另外，心情低落、事情阻礙不前時，可以在襯衫或配飾上用黃色重點強調就可以了，會讓你有如撥雲見日般，心情開朗起來。

33 白熾電燈泡是夫妻關係美滿的秘訣嗎？

——避免粉紅色照明才能平安無事

現在要談論的是，有一家廣播電台真正發生過的事。

這家廣播公司以前使用的是普通日光燈，不久前發生了工作同仁的效率不彰的問題。

因此，經理想要緩和工作現場的氣氛，而改裝上粉紅色的日光燈。

可是，不到二個月，同仁之間的吵架、製作節目也無法順利進行。最糟的是，有一位播音員揚言「如果不換掉那可惡的燈光（粉紅色日光燈），我就辭職」。

連自己都快要被解雇的經理，匆匆取下日光燈，決定換上了接近自然光線的白熾電燈泡。

之後，過了一個星期，平常動不動就吵架的工作同仁，一下子停止了爭吵，嫌惡的氣氛也消失了，節目錄製也順利進行。幸運地，播音員也收回了辭職信，經理也免於被撤職了。

只不過是照明而已，竟不可思議地連人際關係都改變了。可是，這是有色彩學根據的。

白熾電燈泡含有紅、橙、黃色光譜。其中的黃色光線具有使人的心情清爽、有生氣的作用，橙色光線使生理作用活潑化，引起勤快工作的意願。

相反地，螢光燈的冷冽光線，會使人的自律神經系統功能鈍化。長時間照射日光燈，會變得焦慮，體況變差。

播音員會鬧情緒，同仁的工作進度停滯不前，都是因螢光燈作祟之故。

很遺憾的是，螢光燈的這種缺點，意外地竟不爲人知。

根據日本電燈工業會的調查，以一九

九五年為劃分，螢光燈比白熾電燈泡更廣為被利用。現在，日本的家庭照明，也以螢光燈為主流。

的確，以四十瓦特的白熾燈泡和日光燈相比，螢光燈較亮，且電費較便宜。但是，考慮日光燈所帶來的生理、心理上的弊害，家庭裡更應該使用白熾燈泡。

如先前所說的廣播公司的例子，可知照明的作用是很重要的。假如最近家人不太交談，夫妻經常吵架，看到這些「症狀」，不妨考慮更換客廳的照明為白熾燈泡。

如果已裝設了日光燈的嵌頂燈（天花板燈），不妨再增加白熾燈泡的落地檯燈、桌上檯燈、聚光燈等。不僅是照射家人坐的地方四周，也造就了相當輕鬆的氣氛。

34 日光浴是否對時下成為話題的性無能有效？

——太陽的力量這麼偉大

一般說來，人沒有發情期。人以外的動物，在一年中只在極短的有限時間內交配。在這以外的時間，性賀爾蒙的分泌很少，無法產生精子或卵子。

但是，只有人類一整年中隨時都可傳宗接代。女性的排卵（或是月經）有固定的周期，但是沒有某一季節無法懷孕的事。

『裸體的猴子』一書的作者戴茲蒙•摩利斯，認爲這種生殖能力是「現存的靈長類中，人類最色情（sexy）」的。

但是，應該很有性趣的人類，也有例外的。

住在北極圈的伊奴伊特（Inuit）的女性，在沒有陽光的六個月裡，月經也會停止。說來巧合（？），男性在這期間內，性衝動也消失了。因爲夫妻都性慾全失，缺少夜生活也不怕有外遇。

可是，爲什麼他們有這種性的周期呢？這是因爲紫外線不足的緣故。極度缺乏進入眼睛的光線，使性賀爾蒙的功能顯著地低下。這種現象被稱爲人類的冬眠（human hibernation）。

反過來想一想，日本的都市生活，發覺我們好像在過著躲避日光的生活般。

走出戶外，可以走地下道或騎樓，還有電車、公車、車子供我們乘坐移動。運動時也是，都上健身房或於室內游泳池游泳。

的確，沒有必要地曝曬於紫外線下，對身體不好。但是，不論如何，現代人太遠離於陽光了，常此以往，會變得像伊奴伊特人一般地渡過漫漫長夜，或許日本人的性冬眠期也會到來也說不定。

雜誌或電視上，常以三十歲左右的人爲中心，談論性無能的夫婦增加的話題，我想紫外線照射不足應該也是其中原因之一。

至少假日時要走出戶外，夫婦倆人一起享受運動或散步的樂趣。

※戴茲蒙・摩利斯（Desmond Morris 一九二八年生，英國動物學家、科學評論家）

35 陽台園藝為何會流行？

——從色彩學解釋人類尋求大自然的理由

一到假日，住在都會裡的人都會舉家到郊外，享受釣魚或烤肉的樂趣。

而且，不必刻意跑到外面，也有可以親近自然的方法，就是輕鬆享受家

庭園藝。栽培花盆也可種植的蔬菜或香料植物，聽說也很爆發性的暢銷。

掌握此種回歸自然的風潮是——

「生活在都市的無機空間，因而產生一種反動，使得人們憧憬鄉村生活。」

「透過親近植物和動物，想取回漸漸失去的人性。」

雖然對此種風潮有種種解釋，想要接受此種說法，卻覺得有點不對勁。

因此，我現在以色彩學的立場，來探求人們尋求自然的理由。

我們的眼睛和皮膚都能感覺色彩（光線）。

例如，被實驗者的眼睛被矇起來，穿著衣服，從它右後方照射檯燈等的光線，身體會傾向光源方向。

將檯燈裝上燈罩，改變光線的顏色，肌肉會因爲光線的顏色，時而緊張、時而鬆弛。

這種肌肉現象，是由於腦波和汗的分泌資料，客觀地判讀出來的，稱爲「燈光緊張值」。肌肉最鬆弛時的數值是二十三。

按照顏色的區別計測此種數值，可知土壤般的淺灰色，可使肌肉達到最放鬆的數值二十三。而且，海洋和天空的藍色是二十四，樹木的綠色是二十八。

相反地，使肌肉緊張、興奮的顏色是：黃色三十、橙色三十五、紅色四十二。

置身於大自然中，我們的身心都會悠然自得，這是因爲看進眼中的淺灰、水藍、綠色都能使我們的身體機能活性化所致。

想到這裡，陽台園藝等，也可成爲忙碌的生活中，心情緊張時，放鬆的重點。

36 為何年紀大了就想住在鄉下？

——其心理的理由和肉體的理由

這是一首老歌，鶴田浩二唱的。

「一切的一切都是黑漆漆。」

人隨著年齡的增長，看盡人世的厭煩、污穢，心情也愈暗淡了。然而，感覺到一片黑漆漆並不僅是心理的理由而已，因爲眼球也已經混濁了。

最好的證據就是，你看小孩子的眼睛，會覺得眼球帶有一點藍色色澤、漂亮而清澄。可是，隨著長大成人，眼球因爲黃黃的或帶點褐色的分泌物，而變得混濁了。這是因爲水晶體中生成了黑色素所致。

手和臉曝曬於紫外線下，會形成皮膚的黑色素，使肌膚曬成小麥色或褐色。

黑色素反射了五十％的太陽光，吸收其餘的五十％的光線。所吸收的紫外線變成熱，在體內生成維生素D。也就是，黑色素發生了遮光窗簾的作用。

表皮所生成的大部分黑色素，經過一段時間，會和新陳代謝一起形成角質而脫落。但是沈澱下來的色素，卻成爲黑斑遺留，使皮膚看起來有點像茶色。

其實，這種現象也發生在眼球的水晶體中。水晶體中所生成的黑色素，透過太陽光的輻射能、紫外線或短波長熱能（紫、藍、綠光等），保護網膜避免受傷。也可以說，就像是戴了天然的墨鏡一般。

而且，沒有黑色素存在的小孩子的眼睛，只能吸收藍色光線的約十％而已。爲了要使藍色和紫色的光線充分到達小孩子的視網膜中，因而不會積極地尋求或喜歡藍色和紫色。

此外，老年人的眼睛，因爲有黑色素這個天然的墨鏡保護，因此吸收了八十五％的藍色光線。也因此，藍色和綠色到達不了視網膜，因而渴望這些顏色。

如此一想，人們年齡愈大，愈想離開都市，住在大自然豐富的鄉下，不是沒有道理的。

37 讓不速之客提早告辭的方法？

——比倒豎掃把趕客人更有效

讓我們回歸童心，想起浦島太郎的故事吧！

從前從前，浦島太郎被他救過的烏龜帶到龍宮去，和龍宮公主渡過快樂時光後，一回到村裡，才發現竟然過了三百年，這是你我熟悉的童話（因地而異，有的說法是龍宮過了三天，人間已過了三百年，也有在龍宮玩了三年之後人們已過了一百年的說法。）不管如何，浦島太郎只不過是玩了幾天而已，爲何竟會過了幾百年呢？

理由之一，是因爲海底的龍宮，四周是清一色的藍色世界所致。

水本來只能透過綠色、藍、紫等短波長的光線，因而天空是藍的，海水也會變藍。

其實，問題就出在這裡。以寒色系列整合的房間，具有時間經過的感覺比實際短的特徵。

浦島太郎被四周的藍色環繞，感到經過的時間比實際時間短暫所致。

心裡覺得不過是經過了四、五天，但事實上是更久的時間。藍色會使時間的經過感覺少了二分之一以下，令人低估時間的流逝。這叫做體感時間。另方面，引起視覺興趣的對象接連呈現，也難免讓他忘了時間的經過。看有趣的電影時，時間一瞬即逝，誰都有過如此的經驗吧！

浦島太郎置身在藍色世界裡，又加上龍宮公主嬌美如花、色香味俱全的美食、鯛魚和比目魚的曼妙舞姿的影響，意想不到的，竟長期逗留在龍宮裡了。

就因爲這種原因，如果你希望家裡的不速之客早點回家，就用紅色茶杯、紅紙巾、紅地毯接待他就可以了。

紅色，這種和藍色正好相反地作用，使人們高估時間的經過達兩倍以上，可說是效果顯著。

第四章

健康與色彩學

——寫給尋求充沛活力的你

38 聽說綠色對眼睛好是真的嗎?

——證實現代醫學界的常識

有一說法，「眼睛疲勞時，看看綠色就好！」

先說結論，這一說法大致可說是正確的。

「綠色」代表健康，是讓人休息的顏色。根據色彩治療和光線治療的研究，綠色明顯具有解除身體各種器官的痛苦，鬆弛緊張的作用。

例如，美國研究放射能的權威布倫朗（Brunler）提出報告，認爲「綠色」給與人體器官系統全面性的影響，可以提升生命力。

具有使腎臟和肝臟活性化、中和水、食物、空氣中的污染物質的功能。

此外，印度的該爾迪亞里醫生曾說：「綠色是位名醫。」

綠色會起清淨劑的作用，使血塊溶解、生成肌肉、組織、皮膚、排除病原菌或病毒等有毒物。據說對防止糜爛或腫瘍也很有效，可以安定血壓。

再如，美國的醫學博士巴比特，使用綠色成功治療了潰瘍。

綠色不僅對眼睛疲勞有效，對於身體各部位的治療及活性化也有效，因爲人不僅用眼睛看，也用皮膚看顏色。

話雖如此，把整個房間都塗成綠色，或裝飾像叢林般的植物，那就太過火了。像撞球台或麻將桌那樣華麗的綠色，反而無法使心情穩定。還是以自然界的綠色最好。

※布倫朗（Brunler, Oscar M. D. 美國的醫學博士，放射熱能研究的權威）。

※該爾迪亞里（Ghadiali, Col. Dinshah P., M. Sc. 印度的開業醫生）。

※巴比特（Babbit, Edwin D. M. D. 美國的醫學博士，光線療法及色彩療法的權威）。

39 太陽眼鏡是否對身體有害？

日光對人體的影響的科學觀

義大利有一句俗諺說：「太陽照不進來的地方，醫生就進來了。」

在日照不佳的地方生活，身體狀況會變差、小病也治不好，這是一般人知道的常識。

說實在的，這句諺語隱藏了極致的科學真理。

稍微專門的說法是，位於腦的視床下部的下垂體、松果體等器官，控制其他的內分泌腺系統和賀爾蒙的生成，掌司物質代謝、體溫調節、生殖、睡眠等生理作用。

能使這些分泌腺的功能活潑化的，就是太陽光。眼睛的網膜裡，有許多和視覺無關的神經末梢，它可促進或壓抑對光線有反應的酵素或賀爾蒙的分泌。

例如，母雞的眼睛一遇到光線，就會刺激下垂體，生下更多的蛋。人也是一樣，適度曝露於太陽下，可改善健康狀態，整體的樣子也變得年輕許多。輕微的感冒，只要做一～二小時的日光浴就能治好。

「可是，曝曬於紫外線下不是對身體不好嗎？」

也許有的讀者會這麼問。

的確，長時間曝曬於紫外線下確實有害。曬太多，皮膚會紅腫，造成皮膚癌的原因。女性的話，可能會擔心皮膚的黑斑或皺紋。

如此說來，完全不做日光浴也會有問題，紫外線可以在體內形成維生素D，具有破壞病原菌的作用。

衡量優缺點，我認爲應當每天曬幾個小時陽光。做日光浴時的條件有，必須摘下墨鏡或眼鏡。透過鏡片進入的日光，不能令人期待它有增進建康的效果。

墨鏡或眼鏡，會變成阻擋所有自然光的光譜照射進來的過濾片。

這麼一說，使我想到一則有關太陽眼鏡的趣談。

色彩學家J·N·歐特，長年患關節炎，必須靠拐杖走路。

他有一習慣，就是每天在佛羅里達的陽光下，做數小時的日光浴。爲了保護眼睛受刺眼光線的傷害，他總是戴著太陽眼鏡做日光浴，但關節炎總是久久不癒。

有一天，太陽眼鏡壞了，他只好不戴眼鏡做日光浴。然而，過了二、三天後，他的關節炎開始好轉，不借助拐杖也能行走了。

進一步，變得也很少感冒，也不再因宿疾咽頭炎而煩惱了。

欣喜萬分的歐特，趕緊向友人提倡「眼睛的日光浴」。

結果，日光浴可治牙齦出血、使滑液囊炎（關節無法舒暢活動的一種病）的狀況好轉，等等私令人高興的報告一一出爐。

因糖尿病而視力衰退的人，只要一天數小時，摘掉你的眼鏡到戶外曬太陽，你的病情會開始恢復。

40 全身穿黑色是肌膚的大敵？

——白色內衣可創造美女

以年輕女性爲主，流行穿單色內衣。

在百貨公司的內衣賣場裡，展示著粉紅色、淺灰色等亞麻布的內衣，以及白色和黑色的內衣。

雖說是內衣，不只使用了女性味濃厚的蕾絲花邊，也改用接近男性內衣的簡單剪裁。美國知名品牌「Calvan kline」，助長了此次流行的火苗。

我並不打算對大家的一頭熱澆冷水，只是站在色彩學的角度綜合地提出看法，我認爲黑色內衣是不敢領教的。原因是，黑色會使肌膚多皺紋。

在此介紹一項實驗。

採三顆還未成熟的綠色番茄，一顆包上白布，另二顆包紅布，最後一顆

用黑布包起來，擺在陽光照射處。等在番茄株上的其他番茄都成熟時，就打開實驗中的三顆番茄來看。

結果，白布包的番茄，和掛在藤蔓上的番茄同樣地成熟了，用紅色布包起來的番茄熟到快發酵了，而黑色布包的番茄依然是綠色但已開始枯萎。

隨著包覆的布顏色的不同，成熟度也不同。這是因爲番茄成長所需光線的穿透程度不同所致。

白色布可透過太陽光的大部分彩色波長。而紅布，扮演了過濾鏡的功能，讓紅色波長透過。黑布吸收了所有彩色波長，使光線無法傳導至被包覆的番茄裡。

人的身上，其道理也是一樣。平常，

太陽光透過布對皮膚或神經起作用，還對肺、腎臟、肝臟等所有的器官發揮功能。

然而，如果持續穿著黑色內衣或一身黑衣，使身體必須的光線無法透過來，和無法成熟的番茄一般，肌膚變得皺巴巴的。

所以，如果你在意黑斑、皺紋的話，就要考慮是否還喜歡穿黑色衣服。

如果對美容和健康有心維護的人，勸你穿白色內衣和衣服。

明亮的白色衣服，具有提高我們的皮膚和器官系統的新陳代謝的功能。

尤其是，白色可穿透過一切必要的光線。

感冒時，最好內外都穿白色衣服睡覺，有人因此一晚就將感冒治好了。

41 什麼是失眠症的劃時代療法

——即使閉著眼睛，人還是可以感覺顏色

沒有什麼擔心的事，但是精神亢奮睡不著——。

這樣的人，可以將臥室的裝潢改成一部分的藍色系列，統合看看。

藍色是具有精神安定劑的功能，可提高身心的恢復力。使生物體吸入氧氣，鎮靜運動神經的興奮。

如果只是有點睡不著的話，看著藍色手帕時，就會覺得有點睡意。

「可是，閉著眼睛想睡時，和裝潢的顏色就無關不是嗎？」

也許你會這麼想。然而這是大有關係的。

在此介紹可以證明這點的有趣實驗。

在攝影棚裡佈置藍色的房間和紅色的房間，在房間的正中央擺放同色的椅子。室內的溫度和濕度也維持一定的舒適狀態。

接著，讓矇著眼睛的被實驗者，坐在房間的椅子十五分鐘，當然，他並不知道房間的顏色有所不同。

接著，在他進入房間不久後，以及經過十五分鐘後，測量他的腦波、心電圖、溫度、溫度映像相機（Thermograph camara）、脈搏、呼吸次數、肌肉緊張等生理作用的前後變化。

所謂溫度映像相機，就是將皮膚的表面溫度以顏色表示的相機，正常時以綠色表示。皮膚表面散發熱量，使皮膚溫度上升，相機就會變紅、溫度下降時，那個部分就會變成藍色的。

進入紅色房間內的人，不到一分鐘皮膚溫度就會上升，在監控相機上顯示出頭、胸、手都開始變紅了。

不久，溫度升高到計測儀器的指針快被震斷的程度，監控畫面呈現一片白色。這時，被實驗者不斷地訴苦說：「好熱啊！透不過氣來。」

另外，看他的腦波情況，才發現他始終是呈現β波（明顯的覺醒狀態）。從紅色房間帶出被實驗者，還是讓他矇著眼睛休息三分鐘，之後被帶到藍色房間。

結果，他在藍色房間裡，溫度映像相機保持綠色沒有變化。也就是皮膚溫度保持平常的狀態。

「你在這個房間裡，心情怎麼樣呢？」

被實驗者在問及感想時回答說：

「好涼快，總覺得心情很舒暢。」

觀看腦波測量儀，發現整個實驗時間內，多出現α波（模糊的覺醒狀態），也有時會出現θ波（打盹狀態）。

關於血壓、呼吸次數、肌肉緊張的數據方面，得到以下的結果。

●紅色房間＝血壓上升、呼吸次數、肌肉緊張也升高。

●藍色房間＝血壓下降、呼吸次數、肌肉緊張也減少。

由這個實驗我們也知道，縱然矇著雙眼，或躺在床上閉著眼睛，我們照樣會受到顏色和光線的影響。

總之，縱然你沒有意識到，如果使用的裝潢顏色是清一色的藍色，也會帶來誘導睡眠的安定精神作用。

最後，爲你介紹如何技巧地活用藍色，來解決失眠的問題。

臥室的窗簾應以藍色和綠色爲基調，再交織些三色堇色或粉紅色等中間色。此時，務必用襯著白色花邊的雙層窗簾。

地毯也是，不只是用單色的藍，也最好使用類似色交織成立體的印象。

另外，在牆上掛起以藍色爲底色的壁飾，也是一種手法。

如果這樣做還睡不著的話，就再換上淺藍色的棉被。只是蓋上純藍色的棉被，因爲太醒目了，會使身體感到冷。

因爲藍色的效果太強，所以請你要斟酌使用。

42 壁紙能治療虛冷症嗎？

——這具有驚人的實驗結果

「去年冬天，將暖氣開得強一點，房間也總是溫暖不起來」。這麼感覺的人，最後重新檢視一下你的室內裝潢。

顏色具有影響人的生理和感情的威力。這是因爲人不只用眼睛看顏色，也用心來感受顏色。

例如，在色彩分類法中，將顏色分爲暖色系和寒色系，這是衆所共知的。就如文字面上的意思一樣，這是表示眼睛所感覺的顏色溫度。

附帶說明，從顏色來感覺溫度並不是日本固有的東西，英語裡也將暖色稱之爲「warm color」，寒色稱爲「cool color」。

那麼，什麼顏色感覺暖、什麼顏色感覺寒冷呢？

感覺暖的顏色是，紅、橙、黃等長波長的顏色。這些顏色都會讓人有太陽或火的印象。

寒色系是藍、藍綠、青綠等短波長的系列顏色。如水、天空、冰等的顏色，讓人在心理上有寒冷的感覺。

站在色彩學上，我就這種分類再稍加詳述如下：

●暖色系……紅、橙、橘黃、黃

●寒色系……藍、藍綠、青綠

●中性系……黃綠、綠、藍紫、紫、紫紅

請各位務必注意的是，這無關於個人的顏色喜好，看見暖色系的顏色時，實際上具有使身體溫暖的效果。

相反地，在寒色系顏色的房間或昏暗的環境裡，身體會感覺寒冷。這稱之為體感溫度。

事實上，倫敦某家工廠的裝潢上，以前牆壁是刷成明亮的藍色，作業員都抱怨說，在室溫二十一度下還覺得冷。其中還有人穿著大衣用餐的。

工廠方面雖然將室溫提高到二十四度，還是有人一直抱怨太冷。

因此，一口氣將牆壁的顏色改刷成橙色後，作業員說二十四度太熱了。

沒有辦法，當局只好將室溫恢復到二十一度，沒想到作業員們覺得非常地舒適。

另外，美國有家工廠，儘管室溫已達二十一度，女員工們還是一直抱怨太冷。工廠主管沒有改變室溫，而是將白色的牆壁換刷成珊瑚色，從此員工們就停止抱怨了。

也許有人會認爲說：

「只是牆壁的顏色而已？我不相信。」

那就讓我們來做個簡單的測試吧！

將固定水溫的水倒滿二個杯子，一杯的水染成橘紅色，另一杯染成藍綠色，問身邊的人說：

「你覺得哪一杯的水溫較高？」

幾乎所有的人，都會回答是橘紅色的那杯水。

「這麼說來，今年我只要將窗簾換成橘色或珊瑚色就行？」

你答對了。夏天時，相反地就換成天空藍、淺綠色等顏色，寒色系的顏色中只要使用淺色的顏色來裝潢就可以了。

另外，讓人看五十種顏色的色卡，問他哪一個顏色最溫暖，哪一個顏色感覺最冰涼，實驗結果發現，感覺溫度最高的都集中在紅橙色。

只是，最讓人感到寒冷的色相是，藍綠、藍、紫等意見紛歧，顯示感覺寒冷的顏色領域，有廣泛的個人差異。

所以你不能小看窗簾的顏色。尤其是怕冷的人，將室內裝潢的顏色統合改變一下，也是不錯的方法（參考彩色插圖）。

43　生理不順的人，應該穿什麼顏色的內褲？

——順便提升精力的顏色

人的皮膚上，遺留了眼睛退化後的器官。這一器官發揮了光線感應器的功能，即使你不用眼睛看，也能無意識地感覺顏色。

例如，穿黑色內衣會促使老化，使肌膚變得多皺紋，穿白色內衣能治療感冒，增進神經系統功能及賀爾蒙的分泌。

另外，穿紅色內衣，可提升體力，使得精力充沛。有生理不順問題的女性，如果喜歡穿紅色內褲，會使顏色的振動和子宮的振動一致，提高女性的機能。

順便一提，紅色的內衣，對於男女都有提高精力、性慾的作用。

如果你覺得，「最近，我的丈夫很沒元氣」時，不妨試著買條紅色內褲或紅色丁字褲送他吧！

44 早餐牛奶杯的顏色對低血壓有效？

顏色的波長，是位名醫。

因爲低血壓，而早上爬不起來的人，睡醒了也還是迷迷糊糊地。

一般來說，成人安靜時的正常血壓爲，收縮壓（最高血壓）一百～一百五十毫米Hg、舒張壓（最低血壓）是六十～九十毫米Hg，平均血壓上限爲一百二十毫米Hg、下限爲八十毫米Hg。低過此一平均值，就算低血壓。

令人意外的是，血壓和色彩有密切的關連。以藍色爲基調的裝潢使血壓下降，紅色的裝潢具有使血壓上升的作用。

例如，F・杜伊切，治療一位呼吸困難而感到胸口壓迫的高血壓女性。她的血壓上限爲二百四十五毫米Hg、下限爲一百二十五毫米Hg。

因此，讓她暫時住進綠色的病房，結果血壓慢慢開始下降，並降到最高血壓一百八十毫米Hg以下。

綠色和藍色都屬於短波長，亮色調數據也極低，所以可以有令人期待的效果。

因而，高血壓的，可以讓他睡在以藍色系列整合裝潢的房間裡。不必說，藍色當然具有鎮靜神經的亢奮、誘導舒適睡眠的作用。

相反地，紅色房間或紅色光線則會使血壓上升。

可是，穿著大紅色的睡衣，用紅色的床罩，則刺激太強烈了。因爲紅色也有令肌肉緊張、增加心理的不安的作用。頂多，運用比較柔和的紅色系列，如粉紅色，來整合裝潢就比較好。

一覺醒來，爲了促進自律神經的覺醒而早餐喝咖啡，如果將杯子改用紅色的也不錯。

早晨，淋浴過後，穿著粉紅色的浴袍也很有效。

45 進入和式茶室，為何就會沈靜下來？

很想告訴千利休的色彩學理論

縱然是沒有品茗茶道嗜好的人，一進入茶室，心裡也會沈靜下來，充滿舒暢感。這就是透過計算後的茶室，所營造出的休閒空間。

如果將和式房間的視覺空間當成百分之百，上層牆壁、檜木柱子、杉木天花板、榻榻米等塗抹了灰褐色，佔了百分之七十。

這是基色（basic color）。基色扮演了進入視線的空間中的背景效果，也就是說：「爲了讓你看的顏色」。因此又被稱爲襯托色（foil color）。

使基色更相得益彰的是紙窗、紙糊門的白色。這稱爲副色（sub color）

，佔全體視覺空間的二十五％。

而且，在這個空間中，最醒目的有小方綢巾、壁龕的插花、畫軸、茶碗、茶、和服等的純色。純色的強調色面積僅佔百分之五。

正因爲如此，紅色或紫色的小方綢巾變得格外醒目，壁龕中插著的一朵紅花，也更加耀眼。這種絕妙的平衡感，營造出最高境界的休閒空間，此種比率稱爲「黃金率」（參考彩色插圖）

音樂是「時間的切割」，它製造出節奏，色彩的70：25：5的「面積的切割」也製造出節奏。

這樣再加上抹茶的綠色，使疲勞的人們安心下來。綠色的效用如下：

・鎮定感情，解除不安。
・放鬆身體，誘導至平靜的心情。
・綠色傳遞出精力、年輕、成長、繁殖力、希望、新生活的訊息，看到綠色的人都發生了影響。
・使肌肉和細胞組織活性化。
・對交感神經產生作用，解除血管的緊張，降低血壓。

- 使微血管膨脹，感到溫暖。
- 成爲精神的安定劑。
- 刺激腦下垂體，使內分泌系統的作用活性化。
- 治療失眠症、過敏症、頭痛，消除疲勞。
- 具有強壯劑、殺菌劑的效果。

不要認爲茶道的禮儀繁複而對它敬而遠之，何不走進茶室，享受一次品茗的樂趣看看。色彩的平衡加上抹茶的綠色，相得益彰，當你走出茶室時，就像變了一個人似的精神飽滿。疲憊的現代人，更應該親近茶道才對。

46 白色房間能塑造美女嗎？

好！現在就去買壁紙吧！

數年前有一齣連續劇叫『我是醜女人嗎？』由松田聖子演女主角，是講敘一個獨立創辦廣告製作公司的女人，愛情、事業兩得意的故事。

不過，這個節目名稱太刺激了。難道所有的女性都不會想說，我真的是醜女人嗎？

嘴邊掛著「我對自己的容貌沒信心」、「我不是美女」的女性，其實內心也有自戀情節的（marcissism）＝擁有自我的愛。

所謂 marcissism，是由希臘神話故事而來的。神話中的那西塞斯這個年輕人，愛上了自己在河中的倒影，被水中美麗的自己所迷倒，而最後化成了水仙花。

附帶說明，在心理學中，將自戀＝自我愛定義爲：「對自己的容貌、身體、行動的愛情」。簡單地說，不管任何女性，都會找出自己容貌的優點，無意識地更加表現出這個特點。

有一種能夠活用此種心理，使自己更加美麗的裝潢術。

首先，將房間換成白色。刷成混入貝殼粉末的油漆牆壁，或貼上灰泥牆壁的米白交錯壁紙。

同樣是白色，但是有光澤的白色、亮麗的白色，都會給人冷清的印象，無法沈靜下來。光的反射率高達百分之八十八，因而太過耀眼了。

這一點，如果改用柔和溫馨的白色、去光的白色，反射率約可降至百分之七十，具有使家具或裝飾品更突出醒目的效果。

其次，請放上一面可以照出全身的大鏡子。

不可思議地，以白色牆壁當背景，女人的臉色和姿態會格外的好看。促進內分泌發達，肌膚也更年輕。映在鏡子上的容貌，會令你認爲「哇！我比想像中更漂亮了」。

而且，白色的牆壁，可提高女性的運動慾望。皮膚感受到四周的光亮，自然地身體也想動起來。如果在房間裡就可輕鬆地做運動的話，伸縮操或美容體操是最適合的。對著大鏡子練習美姿，一定會使你變得更漂亮。

※松田聖子（Matsuda seiko 一九六二年出生於福岡縣 歌手）。

47 聲音也有顏色嗎？

——你也許有特殊才能也說不定

聽著「櫻花、櫻花」的歌，我們常會聯想到淺粉紅色的印象。只聽「Do」這個音，有人就可以在腦中浮現出那個音的固有顏色。

這種能力稱爲「色聽」。色聽能力強弱有個人差異。能力強的人稱爲「色聽擁有者」。

例如，在一九〇五年和一九一二年所做的實驗中，讓色聽擁有者聽Do、Re、Mi各位階，調查他們看到了什麼顏色，結果得到了上頁這張表。

而且，Do（紅色）和＃Fa（藍綠色）同時響起時，很像把顏色調和起來一般，得知他們會看到灰色。

並且，同樣是Do（紅色）的音，升高一個音階，就會感到較接近粉紅色。相反地，低音的Do，可看到深褐色。

高音偏向於明亮顏色（色彩加白色的顏色）的方向，低音則是傾向暗色（色彩

1905年和1912年所調查的色彩感覺事例

(A Case of Chromesthesia Invested in 1905 and again in 1912)

音階＼年	1905	1912
c	紅色	紅色
$d^\flat$	紫色	薰衣草色（淡紫色）
D	三色堇色	三色堇色
$e^\flat$	淡藍色	深藍色
e	金黃色	像太陽般的顏色
f	粉紅色	粉紅色（蘋果花）
f	藍綠色	青綠色
$g^\flat$	帶綠色色澤的藍色	帶綠色色澤的藍色
g	明亮的藍色	明亮的天藍色
a	冷清的藍色	不溫暖、嚴峻、澄清的黃色
$b^\flat$	橙色	幾乎接近橙色的顏色
b	非常鮮明的銅色	非常鮮明的銅色

資料來源：From H. S. Langfield;Psychol. Bult 1914 pp.11,113
The notes of the musical scale are associated with images of very constant colors.

混入黑色）。

音的強弱方面，原則上極端的強（For tissimo ff,fff）時，其顏色也會看起來像強烈地躍出般，極弱（Pianissimo PP, PPP）時，色彩朦朧看起來很遠。

除此之外，有一資料顯示降半音記號的曲子，是暖色系。升半音的樂曲使人聯想到寒色系。

既然能夠如此將聲音換成顏色，那麼能不能將音樂翻譯成繪畫呢？其實，有許多藝術家們，正嘗試這種挑戰。

其中尤以華德‧迪士尼製作的『夢幻曲』，堪稱是色彩和音樂融合的傑作。在『夢幻曲』中，有一幕是運用L‧貝多芬的『田園』交響曲的畫面，真是值得一看。

有趣的是，在太古時代，許多人都具色聽的能力。

現代社會，小孩子中的色聽擁有者也不少。但是，許多時候，隨著他們長大成人後，此種能力也喪失了。

如果，你在長大了之後，仍然持續擁有聲音和色彩的共感覺，也許你就是能夠創作出像迪士尼那種名作的「天才」也說不定。

※華德・迪士尼（Walt Disney 一九〇一～一九六六年　美國的漫畫家、電影製作人）

48 白色汽車與黑色汽車的車內溫度差多少？

——黑色車容易讓你中暑

當雙親去玩柏青哥，而把車子停在停車場，坐在車內的小孩子因此而中暑的事件層出不窮。

如果你認爲車內沒有直接曬到太陽，所以比車外涼，那就大錯特錯了。假如一直開著冷氣還好，否則的話，在密閉的車內就如同坐在大蒸籠裡。車內的溫度，比車外高出許多。

不用說，你一定知道這是輻射熱作祟。

根據ＪＡＦ（日本汽車聯盟），測試車體顏色和熱的吸收關係的結果，將六十部車停在夏天日光直接照射的海岸，結果車體表面溫度最高的是黑色車子，竟然高達七十一・五度。

直射日光下的車頂溫度

車　體	車頂的表面溫度
白色系	51℃
黃色系	53
金色光澤系	56.5
銀色光澤系	57.3
紅色系	61.6
藍色系	62.6
綠色系	65
茶色系	67.6
黑色系	71.5

（資料來源）野村順一：『顏色的秘密』，文藝春秋 Nesuco 版　1994 P.29

溫度最底的是白色車子，只有五十一度。差距高達二十度之多。

活用此種顏色的性質，美國德州政府，將公車的車頂一律塗成白色，使夏季時車內的溫度降低了十%～十五%。

只是，即使你的車是不易吸收輻射熱的白色，也絕不要在炎炎夏日裡，將你的孩子或寵物放置在車內不理。

49 真的有「瘦身色」的存在嗎？

——將色彩學應用在減肥上

雖然上美容沙龍沒有效果。嘗試許多減肥方法，卻無法持久。或者，一時興起

才加入運動俱樂部，但運動之後喝啤酒，反而使我變胖了……。

既然如此，不妨改變一下想法，靠色彩的功效，來嘗試控制飲食吧！

●作戰計畫①——桌巾要選擇藍色的

看著藍色會壓抑你的食慾，即使沒有吃那麼多，也可得到飽足感。紅色或橙色的桌巾，具有增進食慾的作用，讓你大口大口地吃下去。

●作戰計畫②——身穿紅色或橙色的衣服

如果因爲看到紅色或橙色的餐桌顏色，使你覺得飢餓，但將紅色和橙色穿在身上，就能壓抑飢餓感了。

男性的話，很難將這兩種顏色用在西

裝上，但如果是POLO衫，或休閒服的話，就不會太突兀了。

女性最好能在約會時，穿著鮮豔的套裝或洋裝赴約。不但本身可以減肥，更進一步，情人的錢包也不會消瘦下來。

爲慎重起見，特別一提的是，藍色服裝會讓你看起來比實際更苗條。只是，會讓飢餓感不斷侵襲你，要小心。

50　奧運五輪標誌的意義何在？

——設計者為奧運始祖庫貝爾坦（Kubeltan）

奧運五輪旗在一九一四年制定。首次使用此旗是在一九二〇年八月十四日，比利時的安特衛普奧運上。

設計者是以近代奧運始祖而聞名的法國庫貝爾坦男爵。

在沒有花邊的白底旗子上，組合起五個圓圈的圖樣，由左起依序爲藍、黃、黑、綠、紅（參看彩色插圖）的圓圈。圓圈的組合方向爲向右扭轉。

這五種顏色，代表五大洲，也就是象徵美洲、歐洲、亞洲、非洲、大洋洲，但並沒有說哪一個顏色代表哪一洲。說黑色是非洲、黃色是亞洲，那也只是一廂情願罷了。

在這次值得紀念的安特衛普奧運上，網球選手熊谷一彌、柏尾誠一郎出場比賽，在草地網球和單打賽中，熊谷選手得到銀牌，雙打中，兩位選手也進入了第二名。

然而，現在要探討的問題是，奧運的獎牌，是在哪裡鑄造的呢？

答案並不是在奧運的發祥地安特涅，也不是ＩＯＣ（國際奧委會）。

其實是，每次都委託奧運主辦國，自己鑄造。

根據ＩＯＣ的「奧運憲章」，設定了獎牌的製造基準，由各國的所屬機關負責製作。

因此，一九六四年的東京奧運時，就由大藏省的造幣局負責鑄造獎牌。

金牌直徑五十毫米，厚三毫米，純度以九十二・五％的銀爲主，加入六克以上的純金打造而成。

「什麼！原來是合金。」

不要因爲是合金就很失望。喜歡金色的人，可是給予很高的評價和誇獎，認爲指導者發揮了領導能力，讓達到巔峰的人實現自己和眾人的夢想。以金牌爲目標的選手們，莫不都是這麼優秀的人。

※皮耶・巴隆・杜爾・庫貝爾坦（Pierre Baron de Coubertin 一八六三～一九三七　法國的教育家）。

51 什麼顏色的隊服能在比賽中獲勝？

運動和色彩好看的關係

四、五年前，職棒選手間流行水晶項鍊。

職棒選手是一些達到運動科學的極致施予科學訓練的人，令人意外地，他們竟會在意「運氣」，而重視「護身符」。

但是，如果把透明的水晶看成是白色的話，則喜歡此種顏色的人，以常常追求完美、努力實現崇高理想之類型的人居多。

此外，有一說法認爲水晶具有淨化作用，使事物導向正確的方向。把水晶當項鍊戴，並更加努力訓練的結果，當然因此得到了好成績。自己一點也不努力，只是奇怪的認爲「那傢伙，怎麼老是運氣這麼好」……。

崇尚水晶效果的選手表情，恐怕是悲喜各有吧！

單就色彩來說，一九九四年養樂多球隊在日本聯盟中得到優勝時，聽說是野村克也教練，爲了祈求好運，要球員持續穿著紅色（有一說法是粉紅色）內褲所致。

紅色象徵生命力、熱情、精力，同時是可以鞭策穿在身上的人。

野村教練，想必是鞭策著自己和選手的屁股，使大家邁向優勝之路。

提到紅色就想到，以前廣島東洋隊是一支弱小的隊伍，自從衣笠祥雄、山本浩二入團之後，打擊火力變強了。

也就是在那個時候，球隊的顏色換成紅色和白色，因而形成「紅帽打擊」。

像熊熊燃燒的火焰般的紅色球帽，鼓舞了選手邁向勝利，也讓對手的捕手們，都戰慄起來也說不定。

幸運地，一九七五年裡他們終於一償宿願地得到第一次的勝利。

和廣島球團同樣地，日本快速安打也是一個更換球隊顏色的好例子。

日速隊，在換成現在的打擊陣容制服前，是採用淺橘色的制服。然而，當初的制服顏色和膚色太過於接近，常有人包怨打擊陣容很難看清捕手們的暗號。

因此，第二年將制服顏色做小幅度更換。拜這之賜（？）一九八一年時，他們達成了太平洋聯盟的首次優勝。

拘泥於色彩流派的個人中，以養樂多球團的古田敦也捕手，喜歡使用深藍和黃色二色的護具最爲人知。

其實，因爲這二種顏色的搭配，是最容易讓他達成三振之故。參加大聯盟的名捕手的秘訣，竟是如此。

「既然如此，穿著紅內褲，戴紅色球帽，使用深藍配黃色的護具，不就成爲最強的球隊嗎？」

其實並非如此。如果你想在草地棒球獲勝的話，我勸你穿著橘色球衣。

橘色是可以提高運動機能的顏色，不只是棒球，高爾夫、滑雪、網球等，只要能穿上橘色服裝的話，必定能更進步。

游泳也一樣，聽說穿橘色泳衣比較容易浮起來。

52 為何硬式網球是黃色的？

溫布敦網球賽有了十倍的看頭

在一九九六年四月所舉行的 Fed cup 杯國別對抗賽中，伊達公子選手擊敗了女子網球界的女王葛拉芙，是日本網球史上的一大快舉。尤其是在第三場超過二十次的攻防，更是令人捏把冷汗的有名爭霸賽。

目前硬式網球有黃色、白色、橙色三種，正式比賽中使用的是黃色球。這在色彩學上有其明確的理由。

例如，因爲紅色的屈折率小，所以會在視網膜後方成像。因此水晶體會變薄，把焦點集中在網膜上方。因此，藍色看起來較凹陷（後退色）。

這一點，黃色就沒有瞄準焦點的必要。一看到黃色就會在視網膜上成像，所以在距離感上不會出錯。

還有一點，黃色會在網膜上方染出顏色來，具有看起來比其他顏色更大的作用。

也就是說，要掌握時速近二百公里的發球，或強烈的殺球時，正確的距

離，看起來大一點的黃球是最適合的。

根據相同的理由，桌球也使用有點黃黃的橙色球。

附帶透露一些有關硬式網球的內幕吧！各位知道是怎樣灌氣進網球裡的嗎？

仔細看看，硬式網球的球並沒有像軟式的球那樣，有一個灌氣的小孔。所以答案是使用發泡劑來灌氣的。

首先，在半顆橡皮球裡放入發泡劑和水，再黏好另半顆的球。再把球放入金屬模型裡加熱，內部呈現高壓而膨脹起來。

之後，再貼上黃色的繭形毛的墊子，用橡膠填平接口。

所以，硬式的網球才沒有充氣的小凸起。

如此做好的球，經過長時間爲了能維持膨脹度而不變，要裝在高壓的罐子裡再出貨。

53 拳擊擂台的角落為何要有紅色和藍色之分呢？

觀眾們的臉色也會一會兒紅一會兒藍嗎…

拳擊的起源有各種說法，不過一般都認爲在希臘・羅馬時代就已初具原形了。這一說法較有力。

但是，當時並沒有分爲紅色和藍色的角落，而似乎是在野外競技場或草原上進行比賽的樣子。

時代轉變，當世界拳擊協會（ＷＢＡ）在一九六二年創立時，不必說，當時早已設定紅色和藍色的角落了。

有趣的是，放眼看競技格鬥的世界，把選手分爲紅色和藍色的不只是拳擊而已。

蒙古的摔角，選手們穿背心、短褲、長靴應戰，除了長靴之外，所有的

大相撲的四串流蘇

方位角	象徵的季節	守護神	流蘇的顏色
東	春	青龍神	藍
南	夏	朱雀神	紅
西	秋	白虎神	白
北	冬	玄武神	黑

裝扮皆分爲紅、藍二色。

紅色是英雄的顏色，藍色代表蒙古的天空（稱之爲蒙古藍）。

業餘摔角的吊帶，基本上也是分紅色和藍色。五百年前就已開始的泰國跆拳道（慕耶泰），選手們也是穿紅色和藍色的四角褲，分踞不同角落應戰。

至於日本的國技大相撲，力士（相撲手）也分兩方。仔細觀察擂台的屋頂，發現四個角落都垂吊著流蘇。

這代表一年四季和其守護神，四個角落的流蘇顏色都不同。各個流蘇的意義，如上圖表所示。

如果大相撲的東西二方，也像拳

擊那樣分二個角落的話，可惜的是，那就不是紅色對藍色，而是藍色對抗白色了。

而且，再將話題轉回到拳擊，從紅色對藍色的構圖，想到這究竟是從何時起開始的呢？已無從可考。

儘管如此，衛冕的一邊是暗示勝利、勇者、熱情、強韌生命力的紅色角落，而企圖冷靜而沈著應戰的挑戰者，則是屬於藍色角落，這種區分法似乎也能令人接受。

第五章

食物與色彩學

——寫給喜愛美食的你

54 茶褐色罐裝咖啡能趕走睡意嗎？

你很執著於咖啡的味道嗎？

下面介紹給各位一項有趣的實驗。

首先準備沒有標籤的四個咖啡罐，罐子分別爲深茶色、紅色、藍色、黃色，且放置於隔開的四個櫃子裡。

其次，用煮咖啡機煮一壺咖啡，分別倒入相同顏色、造型的四只杯子裡，裝有咖啡的杯子，一一放在四個櫃子的咖啡罐前。

準備完畢後，讓接受實驗者分別進入各個櫃子前，一一享受咖啡的香味，接著，不管喜不喜歡都要他們邊看著罐子的顏色，邊喝完咖啡。

最後，請他們回答以下四個選擇題。

①風味和芳香非常濃郁嗎？
②風味和芳香稍濃嗎？
③風味和芳香稍淡嗎？
④風味和芳香非常淡嗎？

咖啡罐的顏色和味覺的變化（受驗者 120 名）

咖啡罐的顏色	咖啡的味覺變化	被驗者的回答率（%）
深褐色	風味和芳香非常濃郁	73
紅色	風味和芳香稍濃	84
藍色	風味和芳香稍淡	79
黃色	風味和芳香非常淡	87

（資料來源）野村順一『顏色的秘密』增補版，文藝春秋　Nesco 刊　1994 P.39

當然，這些咖啡都是從同一咖啡壺中倒出的，應該答案幾乎都是相同的才對。

可是，請看結果（上表），假如盯著深褐色咖啡罐邊喝咖啡的話，會回答不論香氣或味道都非常濃郁。

並且，看著紅色咖啡罐的人，會回答說咖啡稍濃，看藍色咖啡罐者，則是認爲稍淡。

還有，看著黃色罐子喝咖啡的人，會回答說咖啡的味道完全淡薄。

亦即，咖啡罐的顏色比咖啡本身的味道，在心理上起了更大的作用。可見人的舌頭比想像的更不可靠。

遇到熬夜工作或長時間開車時，

爲了醒腦而喝咖啡的話，不妨選擇深褐色罐裝的咖啡看看。

人在心理上也能使味道和香氣感到濃郁，使你淸醒一點。

55 食品為什麼要添加色素？

聰明的主婦不要被顏色騙了

在超市或商店購物時，我們常會無意識地，依食物的顏色來判斷新鮮度和味道。例如，即使不摸番茄，我們也能光看顏色就分辨它成熟的程度。

買鰮魚時也是，有光澤且帶藍色色澤的銀色鰮魚，會讓人覺得可口，混濁暗淡的顏色，我們就知道魚不新鮮。

不管是靑菜或魚，主婦的眼裡映出了「食物的顏色」，依顏色的狀況而決定買或不買。

這種食物的顏色，在色彩學上稱爲「固有色」。

消費者依靠經驗牢牢記住鮮度如何、味道好壞與成熟的狀態。

依據記憶裡，這種食物該有何種「固有色」，以便購物。

如果你認爲「光看顏色，也分辨不出魚的鮮度」，那你就是不夠用心。人類，包含食物的固有色在內，一共能分辨出一千萬種顏色。

只是令人傷腦筋的是，街上販賣的食品中，有不少是經過人工上色的。在酸梅裡放入紫蘇使它染成紅色，還使人喜愛，如果是經過人工添加色素者，則大有問題。

白蘿蔔要漂白，海膽被染成橙色。海藻類也經過處理，以提高青綠色的彩度。

奶油過白會被看成是豬油，太黃看起來又像陳腐的油脂，所以才會在食品上加入添加劑或人工色素。

咖哩粉、醬油、醋、料酒、青豌豆、紅葡萄酒等，也以經過人工著色的東西居多。就像以前常有販售的鱈魚子，現在已離自然的顏色太遠、差太多了。看起來那麼紅，外表看來根本無法判斷新鮮度。

既然如此，爲何還要使用色素呢？我以黃蘿蔔爲例，加以說明。

沒有添加色素的黃蘿蔔，呈現黯淡的淺黃色。可是，在消費者的記憶中，已經建立起黃蘿蔔是黃色的印象。結果顏色不好看的商品賣不出去（雖然它原本的顏色就該如此……）。

因此，爲了接近製造者和消費者之間的印象，只好在黃蘿蔔上稍微加點黃色色素。結果消費的記憶卻愈來愈傾向於黃色的蘿蔔。

兩者追逐演變之下，才變得一點也看不出是醃菜，而是近於純色的黃色。尤有甚者，連便當的米飯都被染成黃色，有點噁心。而且這也被證實有致癌性，而禁止使用。

除此之外，近年來，因聯合國糧食農業機構（FAO）及世界衛生組織（WHO）的勸告，衛生署已禁止一部分色素的使用了。

最近消費者也變得聰明，會儘量選擇接近固有色的食物了。不再被色素欺騙，養成能夠判斷「可口顏色」的眼力了。

56 讓人食指大動的盛菜方法

真是「食物要用食器吃」嗎？

日本料理最執著盛菜方法和餐具的搭配。因爲日本人一直都知道，顏色的絕

妙搭配，甚至可以改變菜餚本身的味道。

如果說「放進嘴裡還不是一樣的味道」，那就太不知風趣了。

因此，請你思考一下，日本料理的色彩調配吧！

①補色調和

所謂補色，是指紅和綠、黃和紫、藍和橙、黑和白那樣的對比色。二種具補色關係的顏色並排，會互相彰顯。

在紫色的餐具上擺放黃色的食物，或在黃色的餐具上放置紫色的食物，都會是漂亮的調和。

鮪魚生魚片配上紫蘇、細竹、荷蘭芹、海藻等都是典型的調和例子。

②類似色調和

所謂類似色，就是一邊的顏色中，含有另一邊之色相的色味。例如，褐色和栩椒色都算是含有黃色的色味的類似色。

芥菜色的燉煮食品和牛蒡雞合盛在一起，可以讓人享受到穩重的色調。

③同色系調和

所謂同色系調和，是指將同一色相的深淺兩種顏色組合起來。淺褐色的器皿裡，盛著煮蕃薯就能互相增色，看起來更可口。

④單色調和

一種有彩色加一種無彩色（白、黑、淺灰、深灰）的組合。這是在日本料理中常被使用的模式。尤其是使用黑色四方形大盆或半月盆，可使家庭料理搖身一變爲「料亭之味」。

例如，在花枝、鮪魚生魚片上撒上紫蘇，盛放在美濃燒的黑色盤子上，就是一個很好的例子。

很多日本料理都是以這四種色彩的調和爲基本。多應用這些調和法，今天你家的晚餐，會比以往你的烹調技術（？）看起來更好吃。

57 如果蛋黃是紅色的？

——食物的美味和色彩學的關係

以分光器計測光線，會連續出現以紅、橙、黃、綠、藍、靛、紫七色爲基準的光譜。

這些光譜的顏色中，調查何者爲「可引起食慾的顏色」何者爲「讓人食慾不振的顏色」，發現人家都喜歡紅、橙紅、黃、藍綠色、桃紅、粉紅、黃褐色、茶色、奶油色、明亮的淡綠色，得分也很高。

相反地，黃綠、紫色得分最低。此二種顏色出現在食物上都會令人討厭。除此之外，還有紫紅、綠黃、橙黃、灰色、橄欖色、芥菜色，都不會引起食慾，得分也很低。

當然，因爲食物皆有其固有色，並不是說任何食品通通如此。

例如，在美國聖路易市郊外的實驗農場，舉辦了雞蛋試吃會。

他們準備了三種雞蛋。外表看來是一樣的白雞蛋，但是剝開來看，只有一個是正常的黃色蛋黃，其餘的二顆蛋黃分別是藍色和紅色。

光譜色中可以引起食慾的顏色

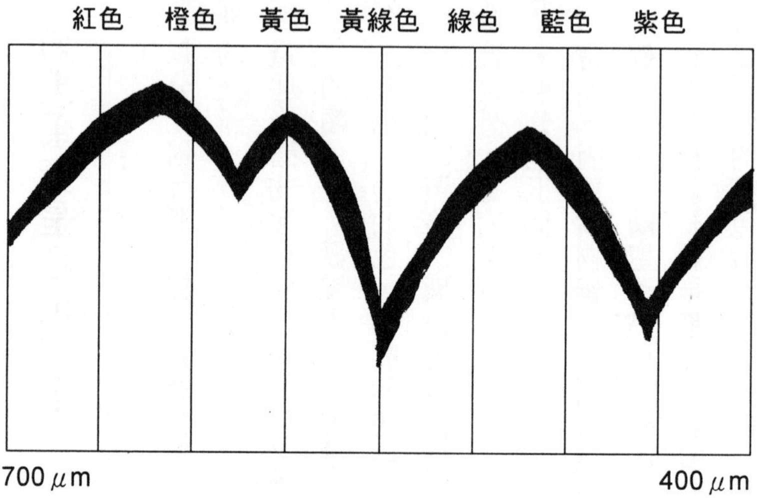

（註）此圖表示可以引起食慾的顏色。在紅、橙、黃、綠色上面，可見到巔峰，而黃綠及紫色則是在最低點，值得注意。

藍色雖然不會令人直接聯想到食品，但卻會使人看起來更突顯食品的色彩。

（舒服）　橙紅和橙的區域……喚起最舒暢的感覺
（稍微舒服）……………………橙黃　稍微低下
（舒服）　黃色……………………恢復
（不舒服）　黃綠……………………跌入最低點，（雖然黃綠色在衣服或家具上具流行性，但在食物上卻令人覺得嫌惡）
（舒服）　綠色和藍色…………舒暢的感覺
（不舒服）　紫色……………………低落
（稍微舒服）……………………短波長末端色彩　稍微恢復

（資料來源）野村順一：『顏色的秘密』增補版，同前本書，P.168

紅蛋黃和藍蛋黃，都是因爲餵雞吃含有不同化學成分的飼料所引起的，其口感和香味其實比黃色蛋黃更好。可是，參加試吃的人，都很害怕這種不像蛋黃的顏色，沒有人敢出手嘗試。

同樣道理，在日本，曾經也有人想推出彩色豆腐，可是沒有人成功。縱使橙紅色是多麼能夠增進食慾的顏色，可是紅色的豆花或紅色的湯豆腐還真是令人掃興。

58 為何歐美人喜歡吃血淋淋的肉？

由食物的顏色可看出民族性的不同

有一個學生，到美國去旅行。在一家著名的牛排館點了一客沙朗牛排，並希望是全熟的。

結果店員歪著頭說：「爲什麼日本人全部都點七分熟的牛排？而美國人只喜歡三分熟的。」

牛排煮熟的程度分爲全部熟透的（well-done），內部稍微有點紅的中等熟（Medium）及外面熟裡面生的生牛排（rave）。美國人所喜愛的血淋淋的生牛排則是very rave。

近年來。由於美食風潮，日本人中喜愛生牛排的人也逐漸增加，但大部分人，一看到紅得噁心的生肉，總不覺得「好像很好吃」！

因爲，日本人是比較屬於素食的民族，傳統上吃蔬菜和魚比吃肉多。在魚類中，也有肉質呈血紅色的，但日本人頂多只吃鮪魚的生魚片。至於蝦子、螃蟹、章魚、鮭魚等，並不是純色的紅色，有的是橘紅色的，但那也只是白色和紅色的雙色調（two-tone）併用罷了。

生肉那大面積的純紅色，會令人連想到血的顏色，是日本人所討厭的。另一方面，對歐美等食肉系的人們來說，看見生紅的肉會垂涎三尺，覺得「好像很好吃」。

這一點上，對日本人來說，可以增進食慾的是「白色」。米飯、豆腐、烏龍麵、年糕、蘿蔔、蕪菁等根菜類的白色，都是我們眼裡的美食。

對歐美人來說，根本不像是食物的黑色，如昆布、海苔、芝麻等，會令他們食慾減退。

日本人的食慾色彩，在世界上可說是無出其右，錯綜複雜。

59

味道和色彩有何關係？

高級葡萄酒也會變成醋嗎？

在日本，每年葡萄酒的年度消費量，約一億五千萬公升（九五年）。比起頭一年興起的葡萄酒熱潮的二十五年前相比，大約成長了二十五倍。

因爲日幣貶値及削價競銷，可以用三百到五百日幣喝到便宜的葡萄酒，所以在家裡也可輕輕鬆鬆享受暢飲葡萄酒之樂。

不過，在老饕的口中，品嚐葡萄酒時，並不光只是喝就可以了。他們會先仔細地審核色澤、香味、再鄭重地含在嘴裡，感受味道的深厚，這才是「正式」的品酒。其中，甚至有些高手不是喝酒，而只是將葡萄酒含在口中品味一番。

這麼說來，也許有人會認爲：

「何必裝模作樣，好喝就是好喝嘛！」

五感的作用

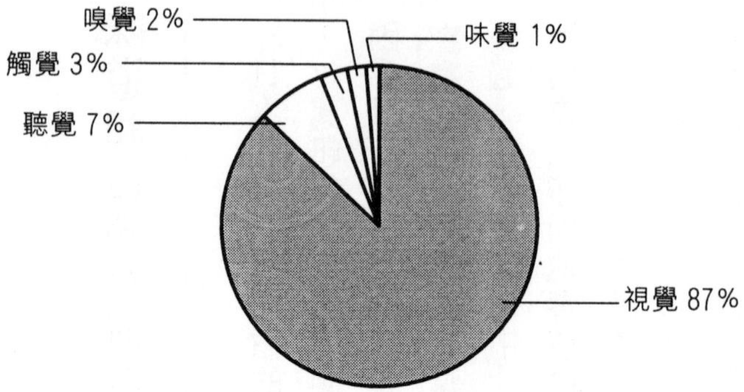

（資料來源）野村順一：『顏色的秘密』增補版，同前書，P.39

那麼，如果在不知道葡萄酒的色澤、香味的情況下喝下去，不知味道如何？

試著做個實驗，將人的眼睛和鼻子遮住，看味覺會如何改變，就稱爲「撞騙測驗」。也就是，在色澤、香氣、味道三者之中，只讓你品嚐味道而已。

結果，連高級的葡萄酒，也只是讓人嚐出醋的味道而已。

同樣地，在不知道味道和色澤的狀態下，讓人喝下牛肉湯，結果他們無法分辨溫開水和湯的區別。

但是，如果是油膩的濃湯時，靠舌頭的觸覺，還是可以做出某一程度的辨識。

在這種「撞騙測驗」的方式中，讓被實驗吃不同牌子的蘋果，於是出現更令人意外的結果。

讓人吃下幾種蘋果後，故意放一個生馬鈴薯，結果被實驗者在不知情下咔咔地啃馬鈴薯，還說這是「富士蘋果」、「不，是印度蘋果」等。總之，在不知味道和顏色的情況下，根本不可能區別生的蘋果和馬鈴薯。

我們吃東西時，是靠味覺、視覺、嗅覺、觸覺、聽覺、冷熱感覺、痛覺等總動員，來品味食物。

其中尤以視覺最重要。無意效法美食專家，但為了使美酒和佳餚吃起來更可口，「用眼和鼻、舌頭來品味」是訣竅。

雖然都是一些雜談，但在一九九四年的世界頂尖品酒侍役大賽中，西洋銀座飯店的田崎真也先生，獲選為第一個當選世第一品酒侍役的日本人。擊敗法國、德國等歐洲超強的品酒師，而被封為「日本第一個葡萄酒鐵人」，受到媒體的爭相報導。

如果，讓田崎先生接受「撞騙測驗」不知結果如何？

大家所感興趣的是，會出現什麼樣的結果。

60 使菜餚看起來美味可口的照明方法

——偷工減料的菜餚也可變成奢華的正餐

旭化成雙薪家庭研究所，以九四年末，全國一千二百名出外工作的女性爲對象，所做的「有關家事的問卷調查」中，發現「比較喜愛工作，不愛做家事」的女性佔百分之五十四，「喜歡做家事」的只有百分之九。

針對做家事有何看法，提出問題，結果如下：

・雖然沒有充實感，還是照做不誤……百分之四十
・有負擔感，會適度地放手不管………百分之三十八
・有充實感，會積極地去做……………百分之十五

似乎外出工作的女性心聲是「家事雖然麻煩，但非做不可」。

然而平常的家事中，像清掃或洗衣服可以留到週末再一起做，但煮飯卻是每天的事。

該調查中發現有百分之五十的女性，利用冷凍食品、速食、現成醃菜來作飯。

色相以及光色所引起的生理反應

色相或光色	生理的反應
明亮的暖色系 白熾燈泡 暖色系	刺激消化作用和自律神經系統 引起空腹感
柔和的寒色系 螢光燈 寒色系	消化作用不佳、自律神經系統鈍化 阻止飢餓感

（資料來源）野村順一：『色彩行銷』千倉書房，1983，P.220

而且，爲了使偷工減料的菜色外表看起來美味可口，還需要有一點技巧。技巧之一，就是餐廳的照明問題。

有某家餐廳，總是有一邊的桌椅座無虛席，另一邊卻乏人問津。

覺得奇怪的老闆進行調查，發現大家較喜歡的餐桌是帶紅色色澤的桌子，而且用柔和的白熾燈泡當照明。

而另一邊卻是日光燈照明。

在各自不同的燈光照明下用餐，在白熾燈泡下，奶油、番茄醬、濃湯等菜色，看起來色彩非常豐富又很好吃的樣子。

然而，日光燈照射下的菜色，呈現綠色光澤，番茄醬等看起來像有毒般地混濁。原來如此，所以日光燈那邊的座位總是

空蕩蕩。

照明技師S・G・西賓為了證明餐桌照明的重要性，做了個小實驗。

首先，準備晚宴用的最好的菜色和飲料，室內播放動人的音樂。

接著，在開始用餐不久後，將普通的照明，突然換成紅、綠交叉的過濾燈。

結果，餐桌上美食的顏色產生劇烈變化。

牛排變成白灰色，荷蘭芹變成誇張的粉紅色……。生菜沙拉呈現灰灰的紫色，青豆變成黑色，牛奶看起來像血，咖啡變作令人作嘔的黃土色。

結果幾乎所有的客人都再也吃不下，勉強繼續吃的人也覺得很不舒服。

這頓晚宴可說是非常失敗，卻爲餐桌的照明實驗帶來有趣的結果。

在家庭裡，只要在餐桌的照明上稍微下一點工夫，也能夠使菜餚看起來更美味可口。

在餐桌的正上方，設置三個六十瓦的白熾燈泡，並拉到距餐桌不遠的高度上。這樣子的照明，不僅可改善整個餐桌視覺，暖色系的光線還可增進食慾、促進消化。

如果再點上燭光，更會變成一餐出色的晚餐。

另一方面，螢光燈的不連續光譜和寒色光，會使餐桌旁的人自律神經鈍化，抑制飢餓感。結果好不容易吃下的食物，卻造成胃下垂。

尤其是日本料理或壽司，在螢光燈照射下呈現蒼白之色，看起來真是名符其實的「氣味可憎」。

61 令人感到舒適的餐廳是如何調配色彩的？

——料理的味道取決於房間的顏色

爲了使菜餚更好吃，站在色彩學的觀點，有以下的要素交錯地影響著：

①菜餚本身的味道。

②料理擺設的美感。

③菜餚和餐具的調和。

④餐桌的擺設。

⑤整個餐廳的色彩調和。

①到④的要素，許多人都會留意，但⑤所舉出的餐廳的色彩調和，意外地，都被人忽略了。

可是，各位不妨想想。用餐時，沒有人只光看盤中的食物而已吧！我們的視覺空間中，有百分之七十被餐廳的顏色所佔據，如果背景顏色不好看，難得的佳餚也會被蹧蹋掉。

希望各位不要誤解，所謂背景顏色要好看，並不是指注重裝潢。反而是，太過強調個性的裝潢，會阻礙了食物和餐具的協調。

基於這樣的意思，餐廳的牆面，最適合用灰泥牆或米白色、象牙白的壁紙、甚至白木也可以。白色幾乎都很搭配任何菜餚，可以營造出輕鬆的氣氛。

食物（菜餚）色彩面積的效果

色彩觀	以食物為中心的色彩	飲食生活的色相	構　成
以顏色為……	強調色 （5%）	純色（生鮮的魚、肉、貝三品的固有色） 中間色（經過烹調後的顏色） 白色	料理本身
觀　感	副色 （25%）	補色（朱漆或黃釉藥等） 中間色（釉藥等） 有彩色 無彩色的白、灰色、黑色 紅色和黑色（湯碗等塗漆） 金、銀（金箔、彩繪、點綴等）	餐具類 小擺設
……顏色	底色 （70%）	中間色 （暖色系或寒色系加入灰色混合，所得到的中亮度顏色） 日本紙的顏色 木質色 染色物品 針織物品 白熾燈泡的光色	餐桌椅 桌巾 榻榻米表面 牆面 擺設物 花和花瓶 照明設備和白熾燈泡 坐墊 座席 繪畫 天花板的素材 空調 窗戶 充滿愛情的氣氛

（資料來源）野村順一：『顏色的秘密』增補版，Nesco 刊，1994 p.148

桌、椅、碗櫃，較常使用白木。

想要改變氣氛時，可以隨意更換桌巾，享受變化之樂。

配合菜餚，鋪起紅白格子圖樣的義大利風格的桌巾也好，或者淺粉紅色、奶油色也都很高格調。此外，有一陣子流行像酒吧那樣的鐵製餐桌，但這種餐桌不適合用於家庭內。

如果是講究設計的純色紅色、黃色、綠色的餐桌，以單品而論，即使是橙色，也會使餐廳的整體色彩平衡崩潰。

不管怎麼說，餐廳裝潢的要訣，就是在大面積裡安排搭配白色或淺色。「萬一猶豫不決時，就用象牙白吧！」以強烈主張的色彩做底色，是無法讓你享受菜餚和餐具的搭配協調之美的。

62 精心設計的廚房，會使做菜手藝變高明嗎？

——簡單就是最好的廚房

古人曾說：「君子遠庖廚」，但最近對料理有一手的男性卻更吃香。

週末時，爲家人小露一手的爸爸增加了，烹飪班也爲男性設計了專門課程。但是，專程磨練了一身手藝，如果廚房的設計一塌糊塗的話，根本就引不起創作的意願。

爲了使廚房的氣氛更明亮，整體面積的七十%，統一用白色就行了。白色成爲底色，縕釀出清潔感。

副色可以用感覺起來相當清新的 Spray green（帶淺藍色色澤的綠色）。碗櫃的門、抽風扇的蓋子、牆壁的磁磚的單點圖樣，在各個要點都可配上這種顏色，使整體顯得更緊湊，創出洗練的氣氛。

冰箱、電鍋、微波爐等家電用品，選擇白色或象牙白的。尤其是面積大的冰箱，顏色最好以底色爲準。也有紫紅色或磚紅色設計的冰箱，但因爲這會破壞整體顏色的平衡，還是不太好。不管再怎麼說，這些顏色的冰箱會讓人覺得食品好像不夠冰涼。

至於剩下的五%的面積，可以使用橘紅色或藍色加以加調就行。加上調理用具、雜物類的顏色都能協調的話，會使你的廚房煥然一新，有朝氣。而且，橘紅色可增進食慾，使你湧現想一展身手做道好菜的動機。

如果，使用藍色當強調色的話，和流理台的不鏽鋼及銀色餐具十分調和，讓整個廚房更增添清潔感。

不管怎麼樣，顏色整合的要訣，就是不可增加顏色的數目，家電、烹調器具、小配件的顏色如果參差不齊，不管你如何整理都會給人雜亂的感覺。

色彩整合有序的廚房，光是站在那兒心情就快樂起來了。如果你想成爲烹飪高手，請重新檢視廚房的顏色吧！

63 為何家電產品較常使用白色的圖樣？

——理由應該不只是具清潔感而已

最近好像推出了綠色或紅色等色彩豐富的家電產品，但是冰箱、冷凍庫還是以白色的設計居多。因此，在家電業界，將冰箱、洗衣機、冷氣機等產品，稱之爲「白類」。

它的理由好像僅僅是，白色使污垢容易看見，會更勤快於清潔，而常保潔淨，如此而已。使用白色系列的東西，可以防止外頭進來的輻射熱的優點。

白色系、淺藍色系等明亮的色彩，具有反射輻射熱的功能。相反地，黑色或暗色具有吸收輻射熱的性質。

因此，冰箱的顏色如果是黑色或深藍色時，在陽光充足的廚房裡，會吸收輻射熱，使冰箱內不易冰涼。爲了保持一定的溫度，只有消耗更多的電力了。這一點，白色的冰箱因爲會使輻射熱從表面彈回去，結果用極少的電力就可使食品有效地冰凍。

那麼，讓我們做個實驗，探討不同顏色對於吸收輻射熱的程度有多大的差異。

在試管上貼上同材質的黑、紅、白色的紙張，小心不要碰觸到試管內壁地插入溫度計。並爲試管加上橡皮栓蓋子，以電熱器從旁邊加熱。

結果，試管內的溫度依黑、紅、白的順序逐漸升高。經過一定的時間後，比較黑色和白色試管，發現物理溫度差距竟高達十度之多。

這種顏色的性質，也可應用在衣料上。

夏天氣息的白帽、陽傘、海灘傘，不但讓你眼睛頓覺清涼，也具有反射夏天強烈的日曬，防止中暑的作用。相反地，冬天時，身穿可以吸收輻射熱的紅色、黑色、茶色等衣服，就會覺得溫暖一些。

第六章

關於色彩的一般疑問

——寫給憧憬於知性生活的你

64 為何瑞士國旗和國際紅十字會旗，顏色正好相反？

——當然這絕非偶然而已

瑞士的國旗是紅底白十字，而國際紅十字會旗恰巧是反過來的白底紅十字。

其實，雙方旗子的顏色如此不同，不只是偶然而已。

國際紅十字會變成現有的規模是在一九三九年，其原有結構的情形，必須回溯到七十五年前的一八六四年。

日內瓦的實業家安里・迪南在克里米亞戰爭中，強烈支持盡力看護傷患的南丁格爾的救助活動。不久，自己也於一八五九年親眼目睹了「索勒夫套（Solleflea）一役」的戰爭實況，而開始倡導保護傷病者及俘虜。

接著，一八六四年，因為迪南的倡導，十六國聚集在一起為戰時的傷病者締結條約，這就是紅十字會的開端。

當然，紅十字會本部，自然是設置在迪南的祖國瑞士日內瓦。

紅十字的標幟象徵超越國境的人道支援活動，也表達了對迪南及瑞士政

府之功績的敬意，而開始在世界各地使用此一標幟。

但是，在回教國家中，十字標幟被忌諱厭惡，而改用白底的紅色新月旗。而且不稱紅十字會而改稱紅新月社。據說新月是代表既將滿月充滿希望的意思。

此外，以紅十字會標幟爲基礎的瑞士國旗設計，早在十四世紀時就已被使用。當時，意圖從神聖羅馬帝國獨立的瑞士士兵，在其紅色盾牌上描繪代表基督教的白十字，就是此標幟的肇始。

之後，在一六四八年獲得獨立時，此一標幟開始被用來當做瑞士聯邦統合的象徵。

提供各位作參考的，白色十字雖然看起來橫豎都等長，其實縱比橫長六分之一。

目前，瑞士爲永久中立國，採取不參與國際上任何紛爭的立場。

因此，也許各位覺得奇怪，但瑞士也沒有加入聯合國。

※安里・迪南（Jean Henri Dunant 一八二五～一九一〇年　國際紅十字會創立者）。

※佛蘿蘭絲・南丁格爾（Florence Nightingale 一八二〇～一九一〇　英國護士　醫

院的改革者）。

65 為何「止步」的交通信號是紅色？

「綠、黃、紅」都有色彩學的依據

紅綠燈的「停止」是紅燈、「注意」是黃燈，這是萬國通用的。那麼「前進」的燈號是什麼顏色呢？

大部分的日本人都會回答說，是藍色。可是在歐美各國，這種顏色被稱爲綠色。如果，在美國等地發生交通事故時，也許你會因下面這句陳述，而使警察露出驚訝的表情。

「我這邊是藍（blue）燈，而對方來車卻從右邊追撞過來。」

警察也許會說：

「你的眼睛無法分辨綠色和藍色的樣子」，而沒有將你帶回警局。

不同於歐美的，日本的紅綠燈是紅、黃、藍，這主要是讓小孩子覺得好記的優點吧！

其實，將綠燈的燈罩拿掉，的確裡面是藍色的。這種燈罩用帶有接近太陽光的黃色色澤的白色光照射，因而變成帶綠光的藍燈。

此外，在這三種顏色中，紅色之所以代表「停止」，是依據極其簡單的理由而來。

紅色，在這三色中波長最長，從遠方就可辨識出來。爲了交通安全，使用能夠最早掌握住的「停止」標幟，是第一考量，所以紅色的無遠弗屆就是最適合的。而且，紅色可以使人的血壓、呼吸次數、肌肉緊張增大，不容分說地引起你的注意。

另一方面，藍（綠）燈，能夠使你亢奮的精神鎮靜下來，縱然變成「前進」的燈號，也具有能夠使你慎重啓動的功能。

順便一提的，黃色具有使你的視網膜擴大，將物體放大的作用，因此，從綠燈變換至黃燈時，不容易看不見。

可見極其平常的紅綠燈，也有如此的色彩學根據。

涉及道路交通，就讓我再多作說明。

隧道中所使用的橙色照明，是基於和紅燈相同的道理而來的。

橙色的單色光具有波長長、不易亂反射的性質。在夜間的廢氣、霧、靄當中，辨識度也很高。

這種照明，據說叫低壓鈉燈，成本低，也是魅力之一。

雖然都是一些雜談，不過在日本，通過隧道或夜裡，開大燈是理所當然的，但世界上，也有並非如此的國家。例如，巴西就是其中之一。他們的理由是——

「在街燈少的郊外，或山中，當然會開大燈。可是，在街上開大燈的話，對面來車會太刺眼，很危險不是嗎？」

66　「黃色聲音（尖叫聲）」是什麼聲音

——有實驗指出「Ｒａ」的音是黃色的

凡是婦女或小孩發出的尖叫聲，在日本都稱爲「黃色聲音」。

研究顏色和聲音關係的卡爾・傑茲，在一九三一年進行了一項有趣的實驗。

受色彩知覺作用的聲音影響

聲音／色相	低音		高音	
全色相	變成各鄰接色、更深		變成鄰接色、變淡	
紅色	帶藍色色澤的紅色	紫紅色＋藍色	帶明亮的黃色色澤的紅色	橘紅色＋黃色
橙色	帶紅色色澤的橙色	橘紅色＋紅色	帶黃色色澤的橙色	橘黃色＋黃色
黃色	帶茶色色澤的黃色	黃褐色＋紅色	更淡的黃色	＋黃色
綠色	帶藍色色澤的綠色	青綠色＋藍色	帶黃色色澤的綠色	黃綠色＋黃色
藍色	帶三色堇色澤的藍色	紫藍色＋紅色	帶淺綠色澤的藍色	藍綠色＋黃色
全傾向	帶藍色色澤或紅色色澤		帶黃色色澤	

（資料來源）野村順一：『商品色彩論』千倉書房，1966年，P.205

在響起高音和低音的時間內，讓被實驗者看一秒鐘色卡，要測驗出隨著聲音的高低，對顏色的看法如何轉變。

結果，當低音響起時，會把色卡看成原來更深的顏色，而且，會有看成帶紅色或藍色色澤的傾向。

高音時，色卡的顏色都被看成較淺，而且加上黃色的色澤。

黃色的聲音這句話，是指刺耳的尖叫聲，也許在眼前的東西，一瞬間都具有被看成帶有黃色色澤的作用。

只是，在英文裡「黃色的聲音」這種形容並不叫 yellow voice，一般使用 shriek 或 shrill 的單字來表達，不論何者都是指「裂耳的聲音」、「尖銳的聲音」的意思。

67 黃色是令人討厭的顏色嗎？

——計程車是「yellow cab」

在基督教文化圈裡，黃色往往是令人嫌惡的象徵。這是源自，「十三號星期五」，耶穌被釘上十字架時，在最後的晚餐中，弟子猶大穿黃色衣服所致。

衆所周知的，猶大是將耶穌出賣給猶太教的大祭司的叛徒。里奧納多・杜・達文西畫的『最後的晚餐』中，坐在長桌子的十二個使徒圍繞在一起，而可看到悄悄站在一旁的猶大的身影。

附帶一提，這幅畫中，只有猶大一人被畫出有淡淡燈光投射的效果。也就是說，象徵遺臭世界史中叛徒，被光明世界所唾棄的樣子。

因爲此種宗教背景，黃色和十三號深深被刻上不吉利的印象。影響所及，特別是接上黃色的單字，都以卑怯、膽小、背叛的意思居多。

・yellow streak＝卑劣的舉動。

・yellow dog contact＝將不參加工會列爲條件的不當雇用契約。光是 yellow dog，就有卑劣的傢伙的意思。

・yellow stain＝膽怯者、膽小鬼。

在美國，很輕蔑地叫日本人時，用黃猴子（yellow monkey）這一個字。這是將人人唾棄的人和日本人的黃色肌膚搭在一起的印象，拿來罵人。

不管膚色爲何，爲了不讓我們日本人再被叫成卑怯者，非多增加國際社會的理解不可。

※里奧納多・杜・達文西（Leonar'do, da Vinci 一四五二～一五一九年 義大利畫家、雕刻家、建築家）。

68 為何骰子中一點是紅色的?

——其實只有日本是如此

日本所販賣的骰子，幾乎一點都是塗成紅色的。有人說這是代表太陽、或說是代表日本的國旗，眾說紛云，其實這是牽強附會。

第一次推出紅色骰子的，是昭和初年的事。有一家骰子製造廠，爲了使自己的產品和別家廠商有所區別，而把一點塗成紅色，結果卻大受歡迎。因此，其他廠商莫不逕相效法。

雖然如此，紅色點數的骰子，只不過是昭和以後暢銷的商品而已，在時代劇的賭場場景中，出現一點是紅色的骰子就太奇怪了。

順便一提，國外的骰子，不管任何點數，都是塗成黑色的。

提到骰子的紅色骰目，就令人想到「一點紅」這個詞，這一詞彙是源自中國宋代的政治家，王安石的詩句。

原本的詩句是「萬綠叢中一點紅」，就像他所吟詠的，在翠綠中只見一朵紅色的花。這也是一個補色調和的代表例子。

這朵格外漂亮的花朵，是用來比喻「在凡人當中特別耀眼的才人」。不久，也變成是表示「在一群男生當中，只有一位女性」的情況。

當然，不是在一群臭男人的賭徒中，只有一位女賭徒的意思。

※王安石（一〇二一～一〇八六年　中國的政治家）。

69 飛機的黑盒子真是黑色嗎？

成為解開飛機事故關鍵的密封電子裝置

原本，黑盒子（black box）具有各種意義。

①地下核爆實驗探知用的地震計。

②獨立裝卸的電子迴路裝置。

③利用者雖不知它的內部構成，卻能提供某種功能的裝置。

④密閉的電子裝置。

在飛機失事時，收藏機長、副駕駛、塔台人員通話記錄的錄音機、保存飛行狀況的飛行記錄器的箱子，叫做黑盒子。

裝置的地方不在駕駛室裡，而裝在後面廁所的左邊天花板裡。據說這裡是機體中衝擊力最小的地方。

錄音機和飛行記錄器都各自被嚴密地外盒保護，再放入外箱裡。外箱的顏色其實並不是黑色，而是鮮明的橙色。這是爲了萬一飛機掉到山中時，橘色是綠色的補色，較容易被發現之故。而且，萬一飛機是掉落水中時，黑盒子也會持續三十天發出超音波，以便雷達能夠追蹤。

發生不幸的事故時，必須收回黑盒子，以便探究出事原因，平安結束飛航時，可原封不動的重複使用。

就好像卡帶或CD一樣，重新寫入新資料，舊資訊就被消去。

70 喪服為什麼是黑色的？

這是萬國共通的悲哀之色嗎？

喪服的英文叫 mourning dress。

男性白天的禮服叫 morning，其實正確的說法是 morning coat。雖然發音相同，但不論拼法或實際用途都是截然不同的。

放眼世界，並不是所有喪服都是黑色的。

例如，古埃及時代，服喪者的服裝是黃色的。古代羅馬用暗藍色，直至十四～十五世紀改用黑、綠、深藍等服喪。黑色成爲喪服的顏色而固定下來，是受到英國維多利亞女王的影響。

維多利亞女王在一八六一年喪夫時，穿著黑色喪服出席葬儀之列，之後，自己也一直穿著黑色服喪。

以前日本的喪服另有別名叫：「喪衣」、「藤衣」。

九〇五年（另有一說爲九一四年）所編纂的古今和歌集中，曾收錄一首和歌，大致上是說「雖然（不爲人知）相愛，其中一方因憂慮戀情而死了，另一人該找什麼藉口才能爲他穿喪服呢？」

如果不是找藉口推託說有親戚或朋友死了，周遭的人總是會追問說：「你爲什麼要穿喪服？」而覺得更加痛苦。

但是，這裡所謂的「藤衣」，並不是現代感覺的紫藤色（薰衣草色）。

原本藤衣是指用藤蔓或麻所織成的衣服，不久就變成特指喪服了。

這種喪服的顏色並不是全黑的，而是稱之爲生成色、薄墨色、黑色、鈍色等深灰色居多。

現代包含日本在內的許多民族，也變成穿黑色衣服來服喪。這不僅是因爲黑色代表「死亡」和「絕望」，同時，也象徵「永遠」和「神秘」。

此外，黑色也代表「高貴」、「威嚴」，被用於慶祝的場合。也許黑色擁有如此恰好相反的二面。

※ 維多利亞女王（Alexandria Victoria 一八一九～一九〇一年　英國女王）。

71 什麼是侘色（Wabi）和寂色（Sabi）的顏色?

——其實不是真正的顏色，而是心靈的「色彩」

提到「侘色」、「寂色」，許多人都會想像是「青澀的顏色」、「不燦爛、壓抑的顏色」。

可是，這只有一半是對的。一半卻是錯的

「侘」和「寂」的心，不用說，大家都知道是起始於茶道。

飲茶，原來在日本的鎌倉時代開始流行。說它是飲茶，其實不像是在咖啡屋或家庭喝茶，而是一種特權階級專有的享樂。

後來，不在豪華的書院建築內飲茶，而改在簡樸的和室房間，用簡單的茶具，品嚐精神上的深度，因而誕生了「侘茶」。

集侘茶之大成者，是有名的千利休。

千利休在其『南方錄』這本備忘錄中，將侘茶定義為「小榻榻米上的品茗，第一，要心存佛法而修道得道」。

小榻榻米是指不到四疊半的極小茶室，裝潢上使用極自然的素材，運用毫不奇特的生成色、深褐色、芥菜色、灰色整合而成。乍看之下，這些想當然爾的枯燥無味之色，卻能成為為看而看的顏色。也就是，作為「捨色」，使烹茶招待客人的主人，和凝視主人的客人的心，都能得到平穩、沈靜。

這種捨色，就是千利休所說的侘色。但是，各位千萬不要誤解，禾利休所想像的侘色，可是更自由寬廣的顏色。

例如，茶具，在前述的『南方錄』中，有一段描寫千利休和伊丹屋一位叫紹無的老人之間，轉讓茶壺的故事。千利休將茶壺讓給老人時，茶壺覆蓋

一個紅底（紅色的布底）的華美緞子做的茶袋。而伊丹屋老人，將這只漂亮的茶壺，配上令人眼睛爲之一亮的朱漆花形茶盆，煮茶招待千利休。千利休一旁看到，對原有點枯老神情的伊丹屋老人表示搭配得恰到好處，而很佩服。

如果伊丹屋老人自謙年老，使用過於空寂的青澀茶具，就無法營造清淨無垢的清爽氣息。

在這裡，可以窺見千利休心中完美的平衡感。

並不是茶室的構造、茶具，一律選擇深褐色就可以。百分之七十使用深褐色等捨色。百分之二十五用白色。剩餘的百分之五乾脆使用鮮豔的顏色，更能讓整個茶室產生豐富的面貌。

由此可見，在秋天的廣漠原野中，添加一角色彩鮮豔的楓葉，就是最極致的「侘色」。

例如，在寂靜的荒野中，有點紅色的柿子、蔓藤、楓葉、錦木等的葉子，以及增添鮮豔黃色的銀杏、桂樹、百合梗、白樺的葉子，在一片悲淒中，具有向我們的靈魂訴求的力量。

千利休所想要表達的侘色，也許就是「訴諸心靈」「心曠神怡的感動」吧！

附帶一提，一到秋天植物會增添色彩，這是因爲氣溫下降使植物根葉的功能衰退，葉中的葉綠素被破壞所致。

之後葉片變成紅色，則是由於花色素（anthocyan）的紅色色素引起的。變成黃色，是葉黃素（xanthophyll）和胡蘿蔔素露出葉片表面的原因。

千利休從這樣的自然生命中，學到豐饒的心靈。基於此一意義，端看茶人們如何敘情，侘色也可能變成任何顏色。

※千利休（一五二二～一五九一年，茶人，集侘茶之大成）。

72 什麼顏色的汽車容易發生交通事故？

——再三叮嚀要小心安全地駕駛

日本人最喜歡的汽車車體顏色是「深藍色」。然而，令人傷腦筋的，這卻是最容易闖車禍的顏色。

顏色可分爲：看起來向前躍出的「前進色」，和看起來往後退的「後退色」。

粗分顏色時，有包括紅、橙等暖色系，像黃色那樣亮麗的青翠色（彩度高），是前進色。藍、藍綠、紫色等寒色素，暗色、糢糊色是屬於後退色。

如字面上的意思，前進色，就是具有感覺比實際距離近的感覺，後退色則有看起來較遠的作用。

例如，同車種的藍車和紅車，開在馬路上時……

在某一實驗中，發現這二部車即使在同樣距離上，但由其他駕駛人看來，紅車比藍車看起來近了七公尺。

換句話說，藍色的車體會使汽車看起來比實際小且遠的錯覺。

交通肇事率高的汽車顏色

顏色	順序	事故率（%）
藍	1	25
綠	2	20
灰	3	17
白、奶油色	4	12
紅色、紅褐色	5	8
黑	6	4
深褐色、茶色	7	3
黃色、金色	8	2
其他	9	9

（資料來源）野村順一：『商品色彩論』千倉書房，1983年，P.385

因顏色的不同，也會使物體的關係位置看起來不同，這是顏色的屈折率和眼睛的焦距功能所致，在色彩學上，稱之爲色收差。

首先，紅色的光線屈折率較小，因此進入眼裡時，是在視網膜後面成像。

結果，我們的眼球爲了要在視網膜上成像，就膨脹起水晶體。

等到瞄準焦點時，水晶體就呈現出凸鏡的狀態。

因此，紅色物體，看起來比實際距離近，而膨脹。

另一方面，藍色屈折率大，會在視網膜前成像。因此，我們的眼睛會使水晶體變薄，以便在視網膜上對準焦點，因此，藍色的目標物看起來是後退的，而且周圍都小了一圈。

因此，其他的車子，會誤判藍色車子的距離，而容易追撞它。

其他如深綠、灰色，也會看起來又小又遠，都是「危險色」。

相反地，安全度最高的是黃色。因爲黃色沒有色收差，進入眼裡時，會剛好和視網膜吻合。

而且，黃色在視網膜上具有像滲透的墨水那般的擴散性質，具有在所有顏色中看起來是最大的性質。

由此可知，小學生戴黃帽子、穿黃色雨衣、書包的打扮，在駕駛眼中看來是極其合理的。

除了黃色之外，醒目的白色和奶油色也沒有色收差。進退誤差少的深褐色和茶色，也可說是比較平安無事的車體顏色吧！

況且，黑色、紅褐色（栗色）給人厚重的印象，其他的車子看了自會退避三尺。

73 為何植物多半是綠色的？

提到綠色，是植物的代名詞

最近，品種改良技術很進步，我們可看到各種的花朵。但自然界中仍以紅色、粉紅色、黃色等暖色系的花佔大多數。

花朵，和人們打扮漂亮赴約會一樣地，爲了吸引昆蟲的注意，靠鮮豔的花色和甜美的花蜜香氣誘來昆蟲。

昆蟲的眼睛除了可以看到人們能夠看到的可視光線外，也能夠看到紫外線。因此，昆蟲對紫外線反射率高的紅色和黃色，看起來比人類更覺得醒目。

至於花朵的顏色是如何發生的呢？造成紅、藍、紫、各色的來源是花色素（anthocyan）。黃色的形成原因，則是因爲花朵貯有胡蘿蔔素。白花是因爲花瓣細胞中含有許多空氣，而產生出清冽的純白色。

不論何種花朵，都在向昆蟲呼喚說：「我開得這麼漂亮，你就來這兒吧！」

但是不借助昆蟲而靠風吹就能受粉的花朵，則幾乎都是不顯眼的褐色（丹寧色），很沒風情。

不過，對本人（？）來說，根本沒有必要貯存鮮豔色素的必要，有無風情，根本不必你來多管閒事。

植物色素中，令人難忘的是葉綠素。植物的葉和莖貯存許多葉綠素，以進行光合作用。

那麼，爲什麼葉綠素是綠色的呢？你一定會浮現這個普通的問題。其實答案就是，在植物行光合作用時，並不需要含在太陽光線中的綠色光譜所致。

然而，令人疑惑的是，只有蒿苣例外，它非常喜歡綠色的光譜，綠色光使其他植物一一枯萎，只有蒿苣能不斷地往上成長。

對植物來說，必要的光譜有紅色和藍色，但對綠色光譜不起反應。只好使自己變成綠色，以使綠色波長的光反射回去。

74 為何熱帶魚的色彩較為華麗？

——牠要誘惑誰呢？

太陽光線豐富的地區，熱帶魚是不用說，許多動植物都呈現出令人刺眼的鮮豔顏色。

例如，亞馬遜河流域的鸚鵡，驚人地身上有紅、藍、黃等原色。在密林之中，有明亮的琉璃色的蝴蝶，橙色和黑色格子圖樣的蛇。開在南方小島上的大紅色扶桑花、橘子或黃色蘭花，對於住在溫帶地區的日本人來說，稍微有點刺激太強了。

如此鮮明的色彩，和太陽光線、空氣的透明度，周圍環境的顏色形成對比，這是順應生物體色素的結果。

在強烈的太陽光線之下，大紅色和橙色的明顯色素被形成了。而且，在像叢林那種綠意盎然的地方，紅、橙等綠色的補色色素很發達。

這是爲了在任何情況下，應用滲入眼底的醒目色彩，辨別同伴的溝通方法。

尋覓伴侶，避免離群，都有必要用易於分辨的顏色來表達。

植物也是一樣，爲了要對抗刺眼的太陽光，向提供受粉機會的昆蟲訴求自己的存在，不得不變得鮮豔。

這一點，在日本這種日照率低的地方，像櫻花、紫藤、胡枝子那種中間色或中間色調的色素，較爲合適。

在日照時間更少的地方，很明顯地色彩愈來愈少。

例如，在北極的冰山裡，只有白熊，沒有黑熊。

如果，把白熊塗成大紅色或黑色的話，當事人（？）可能會覺得情何以堪。

同樣道理，在幾個月都被冰雪冰封的凍土上，好不容易在夏天才開出的花，也是白色的。可見，地球上生物的顏色，全都是受大太陽和環境光線的影響而形成的。

人們對顏色的喜好，也受到太陽光線的強弱及環境的顏色所左右。這稱之爲中間效果（pallet effect）。

我們到熱帶海灘渡假，會忍不住想穿原色的陽光服（sun dress）及泳裝，其實都是太陽的緣故。

75 變色龍為何會變色？

誤以為是「保護色」未免言之過早

我們一向認爲，變色龍會隨周遭的顏色而呈現出保護色。可是，實際上，我們知道這並不是視覺所引起的反應。

在變色龍的皮膚下，有無數的黃色、綠色、茶褐色的色素細胞。此種色素細胞一收縮，顏色會變淺，細胞變大時，則顏色變深。

此時根據收縮率的不同，而顯現深綠、淺綠、黃綠、茶色和綠色的斑紋，黃色和茶色的斑紋、深褐色、淺褐色等，變化多端的色彩。

仔細一想，像黃色、綠色、茶褐色的色素等，無論如何組合，都形成接近於樹木的顏色。說得極端一點，棲息在樹上的變色龍，不管變成什麼顏色，一概都算是保護色吧！

看起來，變色龍潛伏在一旁等待獵物時，會配合周遭的環境而改變身體的顏色，這不過是人類把它解釋得太過深奧罷了。

那麼，變色龍的色素有何作用呢？

變色龍的舌頭，平常就像蛇腹那樣摺疊起來收在口中，只有獵食小蟲時，肌肉緊張，舌頭才會遠遠伸出去。

可能因爲它有像怪手一般方便的舌頭，所以反而移動緩慢。因此，遇到鳥類及其他動物襲擊時，無法快速溜掉。

遇到那種危機，變色龍只好改變體色。如果爲了迎敵而興奮，表皮感受到刺激，便改變體色威嚇對方。此時，與其說他是保護色，不如說是攻擊色來得接近。

76 斑馬的斑紋如何形成的？

看起來是如此漂亮的線條

把斑馬的毛剃掉後，肌膚的底色依然有斑紋。到目前爲止，它的形成原因依然成謎。但是最近，出現了一種有趣的說法。

其中之一，便是斑馬爲了使獅子等天敵眼花撩亂。

獅子捕捉獵物時，只瞄準成群動物裡的一頭而已，將牠做爲「標的」。

可是，在明亮的熱帶草原，獅子的眼睛具有將瞳孔縱向縮小的性質，打個比喻，就好像白天的貓眼一般，形成像線一樣的狀態。

然而當斑馬集結成一群時，獅子的眼睛無法分辨出，黑白色的條紋到哪裡爲止，而是看成不斷連續的黑白條紋。

難以辨別個體，不管獅子有多兇猛，這時也難以下手。

黑白條紋的另一個理由，是因爲要調節體溫。

根據某項實驗發現，斑馬的表皮，黑色的條紋部分溫度是三十七度，相對的，白色條紋部分的溫度是三十一度。

原因不必說，當然就是由於不同顏色，熱的吸收量也不同所致。

只要在身體表面產生溫度差異，在身體表面上就會有一股空氣從溫度高的地方往低的地方流動。

也就是說，由黑色部分朝白色部分吹起風來。

斑馬利用身體的斑紋，自己製造微風，進行散熱。

在缺乏涼快樹蔭的灼熱草原上，為了舒適地活下去，而學會了此種色彩的技巧也說不定。

附帶說明，這黑白的兩個色調，即使剃掉斑馬的毛，也不會變全黑的。

另外，剛出生的小貓熊，肌膚是粉紅色的。

以『一〇一忠狗』而出名的大麥丁狗，出生時毛色也是純白的。黑色斑點只不過是牠的圖樣而已。

而且，在『少年阿西貝』中出現，一躍而成為當紅巨星的「小芝麻」海豹，牠剛出生時也是純白的。這種白色，成為冰天雪地裡的保護色。後來，隨著成長，全身才變成黑黑的灰色，而且還出現黑色斑點。

自然界的「色彩」，真是令人嘆爲觀止。

77 為什麼小海龜能在漆黑中辨識海的方向？

——進入動物和光線的幻想世界

海龜媽媽，在半夜一片漆黑的海邊產卵。

這時，看起來像眼眶中泛著淚光，因此被認爲是令人感動的故事，而吸引電視的寫實報導等，前來攝影。

姑且不論海龜是否真的在哭泣，對海龜媽媽來說，電視攝影真的令牠很困擾吧！

因爲，海龜的習性是在黑漆漆的地方產卵。

從卵中孵出的小海龜，有循著光線前進的特性。即使看起來黑漆漆，人類無法辨視東西，可是海龜可以感受到海的方向的些微光線，而朝向海洋前進。

這種向光性，在出生後約十二小時就會消失，萬一被不小心的人工光線影響，小海龜會走錯方向，無法游回大海。

因爲了解這種自然的道理，海龜媽媽在產卵時，會尋找可以朝向大海而不致弄錯的黑暗地帶下蛋。也因此，有些會有海龜前來下蛋的地區，在海龜產卵期間施行燈火管制。

儘管如此，海龜寶寶頭一次看到的大海亮光，究竟是什麼顏色呢？

但願儘可能地讓海龜寶寶看見美麗的自然光線，而不是人工燈光。

科學上所掌握的色彩和光線——結論

到目前爲止，談論了幾個顏色和光線的話題，以科學觀點來解釋光線，可以把它當作是一種電磁波。換句話說，是一種反覆進行的細微振動的能源。

而且不只是光線如此，存在於天地中的一切莫不如此，古代的賢者和現在的科學家都持相同的見解。也可說是，因爲顏色的不同，或某物體和其他物體的差異，根本上都是振動率的問題罷了。

將我們人類的身體再細微的分化，可知由十九種元素所組成，由於元素經常在振動，結果和光線與色彩的波長（振動）相呼應而產生協力（synergy）（共力作用＝生物體組織的機能或效果，突顯大於其單獨作用之和的結果）。

總之，光線和色彩對我們的身心兩面存有莫大的影響力。

從前，牛頓曾經留下一句話說：「色彩正是光線本身。」如今，我們也可以歸結的說：「色彩是光線的本質，光線是生命的本質。」

可是，到目前爲止把這些存在的「物質」和「心靈」一分爲二的物心二元論的提倡者狄卡兒，他的想法受到廣泛的肯定。

但是到了現代，我們知道不必一分爲二，心靈也會產生振動。

掌管我們人類心理振動的前葉，它的振動次數達十的三十次方以上。而且其上方的大腦皮質和丘腦下部中，精神（sprit）會有十的四十次方或五十次方，無法計測的驚人的週而復始的振動。因此，在真正的意義上「所有的一切都是振動」，這種物心一元論也成立。

根據一般認同的說法，像一個人或像某個人都是靠後天的經驗和學習所造成的，但是根據與生俱來的想法，這些都是後天發展的必然結果。

總之，人與人之間的差異，正是個別獨特精神的差異。而且這種精神即使在肉體停止振動時（死亡狀態）也會繼續振動下去，直到又產生新的生命體。

令人感到驚訝的，這和自古提倡的輪迴思想及聖經的想法相通。

※牛頓（Sir Isaac Newton 一六四二～一七二七年　英國的物理學家、天文學家、數學家）。

※狄卡兒（Rene Descartes 一五九六～一六五六年 法國哲學家、數學家、自然科學家）。

大展出版社有限公司
品冠文化出版社

圖書目錄

地址：台北市北投區(石牌)
致遠一路二段12巷1號
郵撥：0166955～1
電話：(02)28236031
28236033
傳真：(02)28272069

・法律專欄連載・電腦編號 58

台大法學院　　法律學系／策劃
法律服務社／編著

1. 別讓您的權利睡著了 1		200 元
2. 別讓您的權利睡著了 2		200 元

・秘傳占卜系列・電腦編號 14

1. 手相術	淺野八郎著	180 元
2. 人相術	淺野八郎著	180 元
3. 西洋占星術	淺野八郎著	180 元
4. 中國神奇占卜	淺野八郎著	150 元
5. 夢判斷	淺野八郎著	150 元
6. 前世、來世占卜	淺野八郎著	150 元
7. 法國式血型學	淺野八郎著	150 元
8. 靈感、符咒學	淺野八郎著	150 元
9. 紙牌占卜學	淺野八郎著	150 元
10. ESP 超能力占卜	淺野八郎著	150 元
11. 猶太數的秘術	淺野八郎著	150 元
12. 新心理測驗	淺野八郎著	160 元
13. 塔羅牌預言秘法	淺野八郎著	200 元

・趣味心理講座・電腦編號 15

1. 性格測驗① 探索男與女	淺野八郎著	140 元
2. 性格測驗② 透視人心奧秘	淺野八郎著	140 元
3. 性格測驗③ 發現陌生的自己	淺野八郎著	140 元
4. 性格測驗④ 發現你的真面目	淺野八郎著	140 元
5. 性格測驗⑤ 讓你們吃驚	淺野八郎著	140 元
6. 性格測驗⑥ 洞穿心理盲點	淺野八郎著	140 元
7. 性格測驗⑦ 探索對方心理	淺野八郎著	140 元
8. 性格測驗⑧ 由吃認識自己	淺野八郎著	160 元
9. 性格測驗⑨ 戀愛知多少	淺野八郎著	160 元

10. 性格測驗⑩ 由裝扮瞭解人心	淺野八郎著	160 元
11. 性格測驗⑪ 敲開內心玄機	淺野八郎著	140 元
12. 性格測驗⑫ 透視你的未來	淺野八郎著	160 元
13. 血型與你的一生	淺野八郎著	160 元
14. 趣味推理遊戲	淺野八郎著	160 元
15. 行為語言解析	淺野八郎著	160 元

·婦 幼 天 地· 電腦編號 16

1. 八萬人減肥成果	黃靜香譯	180 元
2. 三分鐘減肥體操	楊鴻儒譯	150 元
3. 窈窕淑女美髮秘訣	柯素娥譯	130 元
4. 使妳更迷人	成 玉譯	130 元
5. 女性的更年期	官舒妍編譯	160 元
6. 胎內育兒法	李玉瓊編譯	150 元
7. 早產兒袋鼠式護理	唐岱蘭譯	200 元
8. 初次懷孕與生產	婦幼天地編譯組	180 元
9. 初次育兒 12 個月	婦幼天地編譯組	180 元
10. 斷乳食與幼兒食	婦幼天地編譯組	180 元
11. 培養幼兒能力與性向	婦幼天地編譯組	180 元
12. 培養幼兒創造力的玩具與遊戲	婦幼天地編譯組	180 元
13. 幼兒的症狀與疾病	婦幼天地編譯組	180 元
14. 腿部苗條健美法	婦幼天地編譯組	180 元
15. 女性腰痛別忽視	婦幼天地編譯組	150 元
16. 舒展身心體操術	李玉瓊編譯	130 元
17. 三分鐘臉部體操	趙薇妮著	160 元
18. 生動的笑容表情術	趙薇妮著	160 元
19. 心曠神怡減肥法	川津祐介著	130 元
20. 內衣使妳更美麗	陳玄茹譯	130 元
21. 瑜伽美姿美容	黃靜香編著	180 元
22. 高雅女性裝扮學	陳珮玲譯	180 元
23. 蠶糞肌膚美顏法	坂梨秀子著	160 元
24. 認識妳的身體	李玉瓊譯	160 元
25. 產後恢復苗條體態	居理安·芙萊喬著	200 元
26. 正確護髮美容法	山崎伊久江著	180 元
27. 安琪拉美姿養生學	安琪拉蘭斯博瑞著	180 元
28. 女體性醫學剖析	增田豐著	220 元
29. 懷孕與生產剖析	岡部綾子著	180 元
30. 斷奶後的健康育兒	東城百合子著	220 元
31. 引出孩子幹勁的責罵藝術	多湖輝著	170 元
32. 培養孩子獨立的藝術	多湖輝著	170 元
33. 子宮肌瘤與卵巢囊腫	陳秀琳編著	180 元
34. 下半身減肥法	納他夏·史達賓著	180 元
35. 女性自然美容法	吳雅菁編著	180 元

36. 再也不發胖	池園悅太郎著	170 元
37. 生男生女控制術	中垣勝裕著	220 元
38. 使妳的肌膚更亮麗	楊　皓編著	170 元
39. 臉部輪廓變美	芝崎義夫著	180 元
40. 斑點、皺紋自己治療	高須克彌著	180 元
41. 面皰自己治療	伊藤雄康著	180 元
42. 隨心所欲瘦身冥想法	原久子著	180 元
43. 胎兒革命	鈴木丈織著	180 元
44. NS 磁氣平衡法塑造窈窕奇蹟	古屋和江著	180 元
45. 享瘦從腳開始	山田陽子著	180 元
46. 小改變瘦 4 公斤	宮本裕子著	180 元
47. 軟管減肥瘦身	高橋輝男著	180 元
48. 海藻精神秘美容法	劉名揚編著	180 元
49. 肌膚保養與脫毛	鈴木真理著	180 元
50. 10 天減肥 3 公斤	彤雲編輯組	180 元
51. 穿出自己的品味	西村玲子著	280 元
52. 小孩髮型設計	李芳黛譯	250 元

·青 春 天 地·電腦編號 17

1. A 血型與星座	柯素娥編譯	160 元
2. B 血型與星座	柯素娥編譯	160 元
3. O 血型與星座	柯素娥編譯	160 元
4. AB 血型與星座	柯素娥編譯	120 元
5. 青春期性教室	呂貴嵐編譯	130 元
7. 難解數學破題	宋釗宜編譯	130 元
9. 小論文寫作秘訣	林顯茂編譯	120 元
11. 中學生野外遊戲	熊谷康編著	120 元
12. 恐怖極短篇	柯素娥編譯	130 元
13. 恐怖夜話	小毛驢編譯	130 元
14. 恐怖幽默短篇	小毛驢編譯	120 元
15. 黑色幽默短篇	小毛驢編譯	120 元
16. 靈異怪談	小毛驢編譯	130 元
17. 錯覺遊戲	小毛驢編著	130 元
18. 整人遊戲	小毛驢編著	150 元
19. 有趣的超常識	柯素娥編譯	130 元
20. 哦！原來如此	林慶旺編譯	130 元
21. 趣味競賽 100 種	劉名揚編譯	120 元
22. 數學謎題入門	宋釗宜編譯	150 元
23. 數學謎題解析	宋釗宜編譯	150 元
24. 透視男女心理	林慶旺編譯	120 元
25. 少女情懷的自白	李桂蘭編譯	120 元
26. 由兄弟姊妹看命運	李玉瓊編譯	130 元
27. 趣味的科學魔術	林慶旺編譯	150 元

28. 趣味的心理實驗室	李燕玲編譯	150 元
29. 愛與性心理測驗	小毛驢編譯	130 元
30. 刑案推理解謎	小毛驢編譯	180 元
31. 偵探常識推理	小毛驢編譯	180 元
32. 偵探常識解謎	小毛驢編譯	130 元
33. 偵探推理遊戲	小毛驢編譯	180 元
34. 趣味的超魔術	廖玉山編著	150 元
35. 趣味的珍奇發明	柯素娥編著	150 元
36. 登山用具與技巧	陳瑞菊編著	150 元
37. 性的漫談	蘇燕謀編著	180 元
38. 無的漫談	蘇燕謀編著	180 元
39. 黑色漫談	蘇燕謀編著	180 元
40. 白色漫談	蘇燕謀編著	180 元

・健 康 天 地・電腦編號 18

1. 壓力的預防與治療	柯素娥編譯	130 元
2. 超科學氣的魔力	柯素娥編譯	130 元
3. 尿療法治病的神奇	中尾良一著	130 元
4. 鐵證如山的尿療法奇蹟	廖玉山譯	120 元
5. 一日斷食健康法	葉慈容編譯	150 元
6. 胃部強健法	陳炳崑譯	120 元
7. 癌症早期檢查法	廖松濤譯	160 元
8. 老人痴呆症防止法	柯素娥編譯	130 元
9. 松葉汁健康飲料	陳麗芬編譯	130 元
10. 揉肚臍健康法	永井秋夫著	150 元
11. 過勞死、猝死的預防	卓秀貞編譯	130 元
12. 高血壓治療與飲食	藤山順豐著	180 元
13. 老人看護指南	柯素娥編譯	150 元
14. 美容外科淺談	楊啟宏著	150 元
15. 美容外科新境界	楊啟宏著	150 元
16. 鹽是天然的醫生	西英司郎著	140 元
17. 年輕十歲不是夢	梁瑞麟譯	200 元
18. 茶料理治百病	桑野和民著	180 元
19. 綠茶治病寶典	桑野和民著	150 元
20. 杜仲茶養顏減肥法	西田博著	150 元
21. 蜂膠驚人療效	瀨長良三郎著	180 元
22. 蜂膠治百病	瀨長良三郎著	180 元
23. 醫藥與生活㈠	鄭炳全著	180 元
24. 鈣長生寶典	落合敏著	180 元
25. 大蒜長生寶典	木下繁太郎著	160 元
26. 居家自我健康檢查	石川恭三著	160 元
27. 永恆的健康人生	李秀鈴譯	200 元
28. 大豆卵磷脂長生寶典	劉雪卿譯	150 元

29. 芳香療法	梁艾琳譯	160 元
30. 醋長生寶典	柯素娥譯	180 元
31. 從星座透視健康	席拉・吉蒂斯著	180 元
32. 愉悅自在保健學	野本二士夫著	160 元
33. 裸睡健康法	丸山淳士等著	160 元
34. 糖尿病預防與治療	藤田順豐著	180 元
35. 維他命長生寶典	菅原明子著	180 元
36. 維他命 C 新效果	鐘文訓編	150 元
37. 手、腳病理按摩	堤芳朗著	160 元
38. AIDS 瞭解與預防	彼得塔歇爾著	180 元
39. 甲殼質殼聚糖健康法	沈永嘉譯	160 元
40. 神經痛預防與治療	木下真男著	160 元
41. 室內身體鍛鍊法	陳炳崑編著	160 元
42. 吃出健康藥膳	劉大器編著	180 元
43. 自我指壓術	蘇燕謀編著	160 元
44. 紅蘿蔔汁斷食療法	李玉瓊編著	150 元
45. 洗心術健康秘法	竺翠萍編譯	170 元
46. 枇杷葉健康療法	柯素娥編譯	180 元
47. 抗衰血癒	楊啟宏著	180 元
48. 與癌搏鬥記	逸見政孝著	180 元
49. 冬蟲夏草長生寶典	高橋義博著	170 元
50. 痔瘡・大腸疾病先端療法	宮島伸宜著	180 元
51. 膠布治癒頑固慢性病	加瀨建造著	180 元
52. 芝麻神奇健康法	小林貞作著	170 元
53. 香煙能防止癡呆？	高田明和著	180 元
54. 穀菜食治癌療法	佐藤成志著	180 元
55. 貼藥健康法	松原英多著	180 元
56. 克服癌症調和道呼吸法	帶津良一著	180 元
57. B 型肝炎預防與治療	野村喜重郎著	180 元
58. 青春永駐養生導引術	早島正雄著	180 元
59. 改變呼吸法創造健康	原久子著	180 元
60. 荷爾蒙平衡養生秘訣	出村博著	180 元
61. 水美肌健康法	井戶勝富著	170 元
62. 認識食物掌握健康	廖梅珠編著	170 元
63. 痛風劇痛消除法	鈴木吉彥著	180 元
64. 酸莖菌驚人療效	上田明彥著	180 元
65. 大豆卵磷脂治現代病	神津健一著	200 元
66. 時辰療法—危險時刻凌晨 4 時	呂建強等著	180 元
67. 自然治癒力提升法	帶津良一著	180 元
68. 巧妙的氣保健法	藤平墨子著	180 元
69. 治癒 C 型肝炎	熊田博光著	180 元
70. 肝臟病預防與治療	劉名揚編著	180 元
71. 腰痛平衡療法	荒井政信著	180 元
72. 根治多汗症、狐臭	稻葉益巳著	220 元

73. 40 歲以後的骨質疏鬆症	沈永嘉譯	180 元
74. 認識中藥	松下一成著	180 元
75. 認識氣的科學	佐佐木茂美著	180 元
76. 我戰勝了癌症	安田伸著	180 元
77. 斑點是身心的危險信號	中野進著	180 元
78. 艾波拉病毒大震撼	玉川重德著	180 元
79. 重新還我黑髮	桑名隆一郎著	180 元
80. 身體節律與健康	林博史著	180 元
81. 生薑治萬病	石原結實著	180 元
82. 靈芝治百病	陳瑞東著	180 元
83. 木炭驚人的威力	大槻彰著	200 元
84. 認識活性氧	井土貴司著	180 元
85. 深海鮫治百病	廖玉山編著	180 元
86. 神奇的蜂王乳	井上丹治著	180 元
87. 卡拉 OK 健腦法	東潔著	180 元
88. 卡拉 OK 健康法	福田伴男著	180 元
89. 醫藥與生活(二)	鄭炳全著	200 元
90. 洋蔥治百病	宮尾興平著	180 元
91. 年輕 10 歲快步健康法	石塚忠雄著	180 元
92. 石榴的驚人神效	岡本順子著	180 元
93. 飲料健康法	白鳥早奈英著	180 元
94. 健康棒體操	劉名揚編譯	180 元
95. 催眠健康法	蕭京凌編著	180 元
96. 鬱金（美王）治百病	水野修一著	180 元
97. 醫藥與生活(三)	鄭炳全著	200 元

・實用女性學講座・電腦編號 19

1. 解讀女性內心世界	島田一男著	150 元
2. 塑造成熟的女性	島田一男著	150 元
3. 女性整體裝扮學	黃靜香編著	180 元
4. 女性應對禮儀	黃靜香編著	180 元
5. 女性婚前必修	小野十傳著	200 元
6. 徹底瞭解女人	田口二州著	180 元
7. 拆穿女性謊言 88 招	島田一男著	200 元
8. 解讀女人心	島田一男著	200 元
9. 俘獲女性絕招	志賀貢著	200 元
10. 愛情的壓力解套	中村理英子著	200 元
11. 妳是人見人愛的女孩	廖松濤編著	200 元

・校園系列・電腦編號 20

1. 讀書集中術	多湖輝著	180 元

2. 應考的訣竅　多湖輝著　150元
3. 輕鬆讀書贏得聯考　多湖輝著　150元
4. 讀書記憶秘訣　多湖輝著　150元
5. 視力恢復！超速讀術　江錦雲譯　180元
6. 讀書36計　黃柏松編著　180元
7. 驚人的速讀術　鐘文訓編著　170元
8. 學生課業輔導良方　多湖輝著　180元
9. 超速讀超記憶法　廖松濤編著　180元
10. 速算解題技巧　宋釗宜編著　200元
11. 看圖學英文　陳炳崑編著　200元
12. 讓孩子最喜歡數學　沈永嘉譯　180元
13. 催眠記憶術　林碧清譯　180元
14. 催眠速讀術　林碧清譯　180元
15. 數學式思考學習法　劉淑錦譯　200元
16. 考試憑要領　劉孝暉著　180元
17. 事半功倍讀書法　王毅希著　200元
18. 超金榜題名術　陳蒼杰譯　200元
19. 靈活記憶術　林耀慶編著　180元

・實用心理學講座・電腦編號 21

1. 拆穿欺騙伎倆　多湖輝著　140元
2. 創造好構想　多湖輝著　140元
3. 面對面心理術　多湖輝著　160元
4. 偽裝心理術　多湖輝著　140元
5. 透視人性弱點　多湖輝著　140元
6. 自我表現術　多湖輝著　180元
7. 不可思議的人性心理　多湖輝著　180元
8. 催眠術入門　多湖輝著　150元
9. 責罵部屬的藝術　多湖輝著　150元
10. 精神力　多湖輝著　150元
11. 厚黑說服術　多湖輝著　150元
12. 集中力　多湖輝著　150元
13. 構想力　多湖輝著　150元
14. 深層心理術　多湖輝著　160元
15. 深層語言術　多湖輝著　160元
16. 深層說服術　多湖輝著　180元
17. 掌握潛在心理　多湖輝著　160元
18. 洞悉心理陷阱　多湖輝著　180元
19. 解讀金錢心理　多湖輝著　180元
20. 拆穿語言圈套　多湖輝著　180元
21. 語言的內心玄機　多湖輝著　180元
22. 積極力　多湖輝著　180元

・超現實心理講座・電腦編號 22

1.	超意識覺醒法	詹蔚芬編譯	130 元
2.	護摩秘法與人生	劉名揚編譯	130 元
3.	秘法！超級仙術入門	陸明譯	150 元
4.	給地球人的訊息	柯素娥編著	150 元
5.	密教的神通力	劉名揚編著	130 元
6.	神秘奇妙的世界	平川陽一著	200 元
7.	地球文明的超革命	吳秋嬌譯	200 元
8.	力量石的秘密	吳秋嬌譯	180 元
9.	超能力的靈異世界	馬小莉譯	200 元
10.	逃離地球毀滅的命運	吳秋嬌譯	200 元
11.	宇宙與地球終結之謎	南山宏著	200 元
12.	驚世奇功揭秘	傅起鳳著	200 元
13.	啟發身心潛力心象訓練法	栗田昌裕著	180 元
14.	仙道術遁甲法	高藤聰一郎著	220 元
15.	神通力的秘密	中岡俊哉著	180 元
16.	仙人成仙術	高藤聰一郎著	200 元
17.	仙道符咒氣功法	高藤聰一郎著	220 元
18.	仙道風水術尋龍法	高藤聰一郎著	200 元
19.	仙道奇蹟超幻像	高藤聰一郎著	200 元
20.	仙道鍊金術房中法	高藤聰一郎著	200 元
21.	奇蹟超醫療治癒難病	深野一幸著	220 元
22.	揭開月球的神秘力量	超科學研究會	180 元
23.	西藏密教奧義	高藤聰一郎著	250 元
24.	改變你的夢術入門	高藤聰一郎著	250 元
25.	21 世紀拯救地球超技術	深野一幸著	250 元

・養 生 保 健・電腦編號 23

1.	醫療養生氣功	黃孝寬著	250 元
2.	中國氣功圖譜	余功保著	250 元
3.	少林醫療氣功精粹	井玉蘭著	250 元
4.	龍形實用氣功	吳大才等著	220 元
5.	魚戲增視強身氣功	宮　嬰著	220 元
6.	嚴新氣功	前新培金著	250 元
7.	道家玄牝氣功	張　章著	200 元
8.	仙家秘傳袪病功	李遠國著	160 元
9.	少林十大健身功	秦慶豐著	180 元
10.	中國自控氣功	張明武著	250 元
11.	醫療防癌氣功	黃孝寬著	250 元
12.	醫療強身氣功	黃孝寬著	250 元
13.	醫療點穴氣功	黃孝寬著	250 元

14. 中國八卦如意功	趙維漢著	180 元
15. 正宗馬禮堂養氣功	馬禮堂著	420 元
16. 秘傳道家筋經內丹功	王慶餘著	280 元
17. 三元開慧功	辛桂林著	250 元
18. 防癌治癌新氣功	郭 林著	180 元
19. 禪定與佛家氣功修煉	劉天君著	200 元
20. 顛倒之術	梅自強著	360 元
21. 簡明氣功辭典	吳家駿編	360 元
22. 八卦三合功	張全亮著	230 元
23. 朱砂掌健身養生功	楊永著	250 元
24. 抗老功	陳九鶴著	230 元
25. 意氣按穴排濁自療法	黃啟運編著	250 元
26. 陳式太極拳養生功	陳正雷著	200 元
27. 健身祛病小功法	王培生著	200 元
28. 張式太極混元功	張春銘著	250 元
29. 中國璇密功	羅琴編著	250 元

・社會人智囊・電腦編號 24

1. 糾紛談判術	清水增三著	160 元
2. 創造關鍵術	淺野八郎著	150 元
3. 觀人術	淺野八郎著	180 元
4. 應急詭辯術	廖英迪編著	160 元
5. 天才家學習術	木原武一著	160 元
6. 貓型狗式鑑人術	淺野八郎著	180 元
7. 逆轉運掌握術	淺野八郎著	180 元
8. 人際圓融術	澀谷昌三著	160 元
9. 解讀人心術	淺野八郎著	180 元
10. 與上司水乳交融術	秋元隆司著	180 元
11. 男女心態定律	小田晉著	180 元
12. 幽默說話術	林振輝編著	200 元
13. 人能信賴幾分	淺野八郎著	180 元
14. 我一定能成功	李玉瓊譯	180 元
15. 獻給青年的嘉言	陳蒼杰譯	180 元
16. 知人、知面、知其心	林振輝編著	180 元
17. 塑造堅強的個性	坂上肇著	180 元
18. 為自己而活	佐藤綾子著	180 元
19. 未來十年與愉快生活有約	船井幸雄著	180 元
20. 超級銷售話術	杜秀卿譯	180 元
21. 感性培育術	黃靜香編著	180 元
22. 公司新鮮人的禮儀規範	蔡媛惠譯	180 元
23. 傑出職員鍛鍊術	佐佐木正著	180 元
24. 面談獲勝戰略	李芳黛譯	180 元
25. 金玉良言撼人心	森純大著	180 元

26. 男女幽默趣典	劉華亭編著	180元
27. 機智說話術	劉華亭編著	180元
28. 心理諮商室	柯素娥譯	180元
29. 如何在公司崢嶸頭角	佐佐木正著	180元
30. 機智應對術	李玉瓊編著	200元
31. 克服低潮良方	坂野雄二著	180元
32. 智慧型說話技巧	沈永嘉編著	180元
33. 記憶力、集中力增進術	廖松濤編著	180元
34. 女職員培育術	林慶旺編著	180元
35. 自我介紹與社交禮儀	柯素娥編著	180元
36. 積極生活創幸福	田中真澄著	180元
37. 妙點子超構想	多湖輝著	180元
38. 說NO的技巧	廖玉山編著	180元
39. 一流說服力	李玉瓊編著	180元
40. 般若心經成功哲學	陳鴻蘭編著	180元
41. 訪問推銷術	黃靜香編著	180元
42. 男性成功秘訣	陳蒼杰編著	180元
43. 笑容、人際智商	宮川澄子著	180元
44. 多湖輝的構想工作室	多湖輝著	200元
45. 名人名語啟示錄	喬家楓著	180元
46. 口才必勝術	黃柏松編著	220元
47. 能言善道的說話術	章智冠編著	180元
48. 改變人心成為贏家	多湖輝著	200元
49. 說服的ＩＱ	沈永嘉譯	200元
50. 提升腦力超速讀術	齊藤英治著	200元
51. 操控對手百戰百勝	多湖輝著	200元
52. 面試成功戰略	柯素娥編著	200元
53. 摸透男人心	劉華亭編著	180元
54. 撼動人心優勢口才	龔伯牧編著	180元

・精 選 系 列・電腦編號 25

1. 毛澤東與鄧小平	渡邊利夫等著	280元
2. 中國大崩裂	江戶介雄著	180元
3. 台灣・亞洲奇蹟	上村幸治著	220元
4. 7-ELEVEN 高盈收策略	國友隆一著	180元
5. 台灣獨立（新・中國日本戰爭一）	森詠著	200元
6. 迷失中國的末路	江戶雄介著	220元
7. 2000年5月全世界毀滅	紫藤甲子男著	180元
8. 失去鄧小平的中國	小島朋之著	220元
9. 世界史爭議性異人傳	桐生操著	200元
10. 淨化心靈享人生	松濤弘道著	220元
11. 人生心情診斷	賴藤和寬著	220元
12. 中美大決戰	檜山良昭著	220元

13. 黃昏帝國美國	莊雯琳譯	220 元
14. 兩岸衝突（新・中國日本戰爭二）	森詠著	220 元
15. 封鎖台灣（新・中國日本戰爭三）	森詠著	220 元
16. 中國分裂（新・中國日本戰爭四）	森詠著	220 元
17. 由女變男的我	虎井正衛著	200 元
18. 佛學的安心立命	松濤弘道著	220 元
19. 世界喪禮大觀	松濤弘道著	280 元
20. 中國內戰（新・中國日本戰爭五）	森詠著	220 元
21. 台灣內亂（新・中國日本戰爭六）	森詠著	220 元
22. 琉球戰爭①（新・中國日本戰爭七）	森詠著	220 元
23. 琉球戰爭②（新・中國日本戰爭八）	森詠著	220 元

・運 動 遊 戲・電腦編號 26

1. 雙人運動	李玉瓊譯	160 元
2. 愉快的跳繩運動	廖玉山譯	180 元
3. 運動會項目精選	王佑京譯	150 元
4. 肋木運動	廖玉山譯	150 元
5. 測力運動	王佑宗譯	150 元
6. 游泳入門	唐桂萍編著	200 元
7. 帆板衝浪	王勝利譯	300 元

・休 閒 娛 樂・電腦編號 27

1. 海水魚飼養法	田中智浩著	300 元
2. 金魚飼養法	曾雪玫譯	250 元
3. 熱門海水魚	毛利匡明著	480 元
4. 愛犬的教養與訓練	池田好雄著	250 元
5. 狗教養與疾病	杉浦哲著	220 元
6. 小動物養育技巧	三上昇著	300 元
7. 水草選擇、培育、消遣	安齊裕司著	300 元
8. 四季釣魚法	釣朋會著	200 元
9. 簡易釣魚入門	張果馨譯	200 元
10. 防波堤釣入門	張果馨譯	220 元
20. 園藝植物管理	船越亮二著	220 元
30. 汽車急救ＤＩＹ	陳瑞雄編著	200 元
31. 巴士旅行遊戲	陳羲編著	180 元
32. 測驗你的ＩＱ	蕭京凌編著	180 元
33. 益智數字遊戲	廖玉山編著	180 元
40. 撲克牌遊戲與贏牌秘訣	林振輝編著	180 元
41. 撲克牌魔術、算命、遊戲	林振輝編著	180 元
42. 撲克占卜入門	王家成編著	180 元
50. 兩性幽默	幽默選集編輯組	180 元

51. 異色幽默	幽默選集編輯組	180 元

・銀髮族智慧學・電腦編號 28

1. 銀髮六十樂逍遙	多湖輝著	170 元
2. 人生六十反年輕	多湖輝著	170 元
3. 六十歲的決斷	多湖輝著	170 元
4. 銀髮族健身指南	孫瑞台編著	250 元
5. 退休後的夫妻健康生活	施聖茹譯	200 元

・飲食保健・電腦編號 29

1. 自己製作健康茶	大海淳著	220 元
2. 好吃、具藥效茶料理	德永睦子著	220 元
3. 改善慢性病健康藥草茶	吳秋嬌譯	200 元
4. 藥酒與健康果菜汁	成玉編著	250 元
5. 家庭保健養生湯	馬汴梁編著	220 元
6. 降低膽固醇的飲食	早川和志著	200 元
7. 女性癌症的飲食	女子營養大學	280 元
8. 痛風者的飲食	女子營養大學	280 元
9. 貧血者的飲食	女子營養大學	280 元
10. 高脂血症者的飲食	女子營養大學	280 元
11. 男性癌症的飲食	女子營養大學	280 元
12. 過敏者的飲食	女子營養大學	280 元
13. 心臟病的飲食	女子營養大學	280 元
14. 滋陰壯陽的飲食	王增著	220 元
15. 胃、十二指腸潰瘍的飲食	勝健一等著	280 元
16. 肥胖者的飲食	雨宮禎子等著	280 元

・家庭醫學保健・電腦編號 30

1. 女性醫學大全	雨森良彥著	380 元
2. 初為人父育兒寶典	小瀧周曹著	220 元
3. 性活力強健法	相建華著	220 元
4. 30 歲以上的懷孕與生產	李芳黛編著	220 元
5. 舒適的女性更年期	野末悅子著	200 元
6. 夫妻前戲的技巧	笠井寬司著	200 元
7. 病理足穴按摩	金慧明著	220 元
8. 爸爸的更年期	河野孝旺著	200 元
9. 橡皮帶健康法	山田晶著	180 元
10. 三十三天健美減肥	相建華等著	180 元
11. 男性健美入門	孫玉祿編著	180 元
12. 強化肝臟秘訣	主婦の友社編	200 元

13.了解藥物副作用	張果馨譯	200元
14.女性醫學小百科	松山榮吉著	200元
15.左轉健康法	龜田修等著	200元
16.實用天然藥物	鄭炳全編著	260元
17.神秘無痛平衡療法	林宗駛著	180元
18.膝蓋健康法	張果馨譯	180元
19.針灸治百病	葛書翰著	250元
20.異位性皮膚炎治癒法	吳秋嬌譯	220元
21.禿髮白髮預防與治療	陳炳崑編著	180元
22.埃及皇宮菜健康法	飯森薰著	200元
23.肝臟病安心治療	上野幸久著	220元
24.耳穴治百病	陳抗美等著	250元
25.高效果指壓法	五十嵐康彥著	200元
26.瘦水、胖水	鈴木園子著	200元
27.手針新療法	朱振華著	200元
28.香港腳預防與治療	劉小惠譯	250元
29.智慧飲食吃出健康	柯富陽編著	200元
30.牙齒保健法	廖玉山編著	200元
31.恢復元氣養生食	張果馨譯	200元
32.特效推拿按摩術	李玉田著	200元
33.一週一次健康法	若狹真著	200元
34.家常科學膳食	大塚滋著	220元
35.夫妻們閱讀的男性不孕	原利夫著	220元
36.自我瘦身美容	馬野詠子著	200元
37.魔法姿勢益健康	五十嵐康彥著	200元
38.眼病錘療法	馬栩周著	200元
39.預防骨質疏鬆症	藤田拓男著	200元
40.骨質增生效驗方	李吉茂編著	250元
41.蕺菜健康法	小林正夫著	200元
42.赧於啟齒的男性煩惱	增田豐著	220元
43.簡易自我健康檢查	稻葉允著	250元
44.實用花草健康法	友田純子著	200元
45.神奇的手掌療法	日比野喬著	230元
46.家庭式三大穴道療法	刑部忠和著	200元
47.子宮癌、卵巢癌	岡島弘幸著	220元
48.糖尿病機能性食品	劉雪卿編著	220元
49.奇蹟活現經脈美容法	林振輝編譯	200元
50.Super SEX	秋好憲一著	220元
51.了解避孕丸	林玉佩譯	200元
52.有趣的遺傳學	蕭京凌編著	200元
53.強身健腦手指運動	羅群等著	250元
54.小周天健康法	莊雯琳譯	200元
55.中西醫結合醫療	陳蒼杰譯	200元
56.沐浴健康法	楊鴻儒譯	200元

57. 節食瘦身秘訣	張芷欣編著	200 元
58. 酵素健康法	楊皓譯	200 元
59. 一天 10 分鐘健康太極拳	劉小惠譯	250 元
60. 中老年人疲勞消除法	五味雅吉著	220 元

・超經營新智慧・電腦編號 31

1. 躍動的國家越南	林雅倩譯	250 元
2. 甦醒的小龍菲律賓	林雅倩譯	220 元
3. 中國的危機與商機	中江要介著	250 元
4. 在印度的成功智慧	山內利男著	220 元
5. 7-ELEVEN 大革命	村上豐道著	200 元
6. 業務員成功秘方	呂育清編著	200 元
7. 在亞洲成功的智慧	鈴木讓二著	220 元
8. 圖解活用經營管理	山際有文著	220 元
9. 速效行銷學	江尻弘著	220 元
10. 猶太成功商法	周蓮芬編著	200 元
11. 工廠管理新手法	黃柏松編著	220 元

・親子系列・電腦編號 32

1. 如何使孩子出人頭地	多湖輝著	200 元
2. 心靈啟蒙教育	多湖輝著	280 元
3. 如何使孩子數學滿分	林明嬋編著	180 元
4. 終身受用的學習秘訣	李芳黛譯	200 元
5. 數學疑問破解	陳蒼杰譯	200 元

・雅致系列・電腦編號 33

1. 健康食譜春冬篇	丸元淑生著	200 元
2. 健康食譜夏秋篇	丸元淑生著	200 元
3. 純正家庭料理	陳建民等著	200 元
4. 家庭四川菜	陳建民著	200 元
5. 醫食同源健康美食	郭長聚著	200 元
6. 家族健康食譜	東畑朝子著	200 元

・美術系列・電腦編號 34

1. 可愛插畫集	鉛筆等著	220 元
2. 人物插畫集	鉛筆等著	180 元

・勞作系列・電腦編號 35

1. 活動玩具ＤＩＹ　李芳黛譯　230 元
2. 組合玩具ＤＩＹ　李芳黛譯　230 元
3. 花草遊戲ＤＩＹ　張果馨譯　250 元

・心 靈 雅 集・電腦編號 00

1. 禪言佛語看人生　松濤弘道著　180 元
2. 禪密教的奧秘　葉逯謙譯　120 元
3. 觀音大法力　田口日勝著　120 元
4. 觀音法力的大功德　田口日勝著　120 元
5. 達摩禪 106 智慧　劉華亭編譯　220 元
6. 有趣的佛教研究　葉逯謙編譯　170 元
7. 夢的開運法　蕭京凌譯　180 元
8. 禪學智慧　柯素娥編譯　130 元
9. 女性佛教入門　許俐萍譯　110 元
10. 佛像小百科　心靈雅集編譯組　130 元
11. 佛教小百科趣談　心靈雅集編譯組　120 元
12. 佛教小百科漫談　心靈雅集編譯組　150 元
13. 佛教知識小百科　心靈雅集編譯組　150 元
14. 佛學名言智慧　松濤弘道著　220 元
15. 釋迦名言智慧　松濤弘道著　220 元
16. 活人禪　平田精耕著　120 元
17. 坐禪入門　柯素娥編譯　150 元
18. 現代禪悟　柯素娥編譯　130 元
19. 道元禪師語錄　心靈雅集編譯組　130 元
20. 佛學經典指南　心靈雅集編譯組　130 元
21. 何謂「生」阿含經　心靈雅集編譯組　150 元
22. 一切皆空　般若心經　心靈雅集編譯組　180 元
23. 超越迷惘　法句經　心靈雅集編譯組　130 元
24. 開拓宇宙觀　華嚴經　心靈雅集編譯組　180 元
25. 真實之道　法華經　心靈雅集編譯組　130 元
26. 自由自在　涅槃經　心靈雅集編譯組　130 元
27. 沈默的教示　維摩經　心靈雅集編譯組　150 元
28. 開通心眼　佛語佛戒　心靈雅集編譯組　130 元
29. 揭秘寶庫　密教經典　心靈雅集編譯組　180 元
30. 坐禪與養生　廖松濤譯　110 元
31. 釋尊十戒　柯素娥編譯　120 元
32. 佛法與神通　劉欣如編著　120 元
33. 悟（正法眼藏的世界）　柯素娥編譯　120 元
34. 只管打坐　劉欣如編著　120 元
35. 喬答摩・佛陀傳　劉欣如編著　120 元

36. 唐玄奘留學記	劉欣如編著	120 元
37. 佛教的人生觀	劉欣如編譯	110 元
38. 無門關(上卷)	心靈雅集編譯組	150 元
39. 無門關(下卷)	心靈雅集編譯組	150 元
40. 業的思想	劉欣如編著	130 元
41. 佛法難學嗎	劉欣如著	140 元
42. 佛法實用嗎	劉欣如著	140 元
43. 佛法殊勝嗎	劉欣如著	140 元
44. 因果報應法則	李常傳編	180 元
45. 佛教醫學的奧秘	劉欣如編著	150 元
46. 紅塵絕唱	海　若著	130 元
47. 佛教生活風情	洪丕謨、姜玉珍著	220 元
48. 行住坐臥有佛法	劉欣如著	160 元
49. 起心動念是佛法	劉欣如著	160 元
50. 四字禪語	曹洞宗青年會	200 元
51. 妙法蓮華經	劉欣如編著	160 元
52. 根本佛教與大乘佛教	葉作森編	180 元
53. 大乘佛經	定方晟著	180 元
54. 須彌山與極樂世界	定方晟著	180 元
55. 阿闍世的悟道	定方晟著	180 元
56. 金剛經的生活智慧	劉欣如著	180 元
57. 佛教與儒教	劉欣如編譯	180 元
58. 佛教史入門	劉欣如編譯	180 元
59. 印度佛教思想史	劉欣如編譯	200 元
60. 佛教與女姓	劉欣如編譯	180 元
61. 禪與人生	洪丕謨主編	260 元
62. 領悟佛經的智慧	劉欣如著	200 元

・經 營 管 理・電腦編號 01

◎ 創新經營管理六十六大計(精)	蔡弘文編	780 元
1. 如何獲取生意情報	蘇燕謀譯	110 元
2. 經濟常識問答	蘇燕謀譯	130 元
4. 台灣商戰風雲錄	陳中雄著	120 元
5. 推銷大王秘錄	原一平著	180 元
6. 新創意・賺大錢	王家成譯	90 元
10. 美國實業 24 小時	柯順隆譯	80 元
11. 撼動人心的推銷法	原一平著	150 元
12. 高竿經營法	蔡弘文編	120 元
13. 如何掌握顧客	柯順隆譯	150 元
17. 一流的管理	蔡弘文編	150 元
18. 外國人看中韓經濟	劉華亭譯	150 元
20. 突破商場人際學	林振輝編著	90 元
22. 如何使女人打開錢包	林振輝編著	100 元

24. 小公司經營策略	王嘉誠著	160 元
25. 成功的會議技巧	鐘文訓編譯	100 元
26. 新時代老闆學	黃柏松編著	100 元
27. 如何創造商場智囊團	林振輝編譯	150 元
28. 十分鐘推銷術	林振輝編譯	180 元
29. 五分鐘育才	黃柏松編譯	100 元
33. 自我經濟學	廖松濤編譯	100 元
34. 一流的經營	陶田生編著	120 元
35. 女性職員管理術	王昭國編譯	120 元
36. ＩＢＭ的人事管理	鐘文訓編譯	150 元
37. 現代電腦常識	王昭國編譯	150 元
38. 電腦管理的危機	鐘文訓編譯	120 元
39. 如何發揮廣告效果	王昭國編譯	150 元
40. 最新管理技巧	王昭國編譯	150 元
41. 一流推銷術	廖松濤編譯	150 元
42. 包裝與促銷技巧	王昭國編譯	130 元
43. 企業王國指揮塔	松下幸之助著	120 元
44. 企業精銳兵團	松下幸之助著	120 元
45. 企業人事管理	松下幸之助著	100 元
46. 華僑經商致富術	廖松濤編譯	130 元
47. 豐田式銷售技巧	廖松濤編譯	180 元
48. 如何掌握銷售技巧	王昭國編著	130 元
50. 洞燭機先的經營	鐘文訓編譯	150 元
52. 新世紀的服務業	鐘文訓編譯	100 元
53. 成功的領導者	廖松濤編譯	120 元
54. 女推銷員成功術	李玉瓊編譯	130 元
55. ＩＢＭ人才培育術	鐘文訓編譯	100 元
56. 企業人自我突破法	黃琪輝編著	150 元
58. 財富開發術	蔡弘文編著	130 元
59. 成功的店舖設計	鐘文訓編著	150 元
61. 企管回春法	蔡弘文編著	130 元
62. 小企業經營指南	鐘文訓編譯	100 元
63. 商場致勝名言	鐘文訓編譯	150 元
64. 迎接商業新時代	廖松濤編譯	100 元
66. 新手股票投資入門	何朝乾編著	200 元
67. 上揚股與下跌股	何朝乾編譯	180 元
68. 股票速成學	何朝乾編譯	200 元
69. 理財與股票投資策略	黃俊豪編著	180 元
70. 黃金投資策略	黃俊豪編著	180 元
71. 厚黑管理學	廖松濤編譯	180 元
72. 股市致勝格言	呂梅莎編譯	180 元
73. 透視西武集團	林谷燁編譯	150 元
76. 巡迴行銷術	陳蒼杰譯	150 元
77. 推銷的魔術	王嘉誠譯	120 元

國家圖書館出版品預行編目資料

色彩學與你／野村順一著；沈永嘉譯
—初版—臺北市，大展，民 89
面；21 公分—（生活廣場；8）
譯自：謎解き色彩学
ISBN 957-557-993-3（平裝）
1.色彩心理學 2.色彩（藝術）
176.231 89003145

色彩學與你

ISBN 957-557-993-3

著　　者／野 村 順 一
譯　　者／沈　永　嘉
發 行 人／蔡　森　明
出 版 者／大展出版社有限公司
總 經 銷／品冠文化出版社
社　　址／台北市北投區（石牌）致遠一路 2 段 12 巷 1 號
電　　話／(02) 28236031・28236033・28233123
傳　　真／(02) 28272069
郵政劃撥／01669551〈大展〉、19346241〈品冠〉
登 記 證／局版臺業字第 2171 號
承 印 者／國順圖書印刷公司
裝　　訂／嶸興裝訂有限公司
排 版 者／千兵企業有限公司
初版1刷／2000 年（民 89 年）　5　月

定　價／230 元